予《よ》感《かん》力《りょく》

改訂版

人生を決める！　なぜか
「ツキ続ける人」の習慣術

西田文郎
Fumio Nishida
株式会社サンリ会長
ツキのカリスマ

清談社
Publico

予《よ》感《かん》力《りょく》

改訂版

人生を決める！　なぜか「ツキ続ける人」の習慣術

西田文郎

はじめに
「一流の人」が必ず持っている脳のメカニズム

「なんか今日はいい感じだ。いいことがありそうだな」

「素敵な人に出会ったな。あの人は自分の人生を大きく変えてくれそうだ」

「おもしろいことを思いついたぞ。これが実現したら、すごいことになるだろうなあ」

あなたは、そんな予感をこれまでに抱いたことがあるでしょうか。

ないはずはありません。

予感とは誰の脳でも確実に起こるものです。そして重要なことは、その**予感は「必ず実現する」**ということです。

つまり、〝幸福になることが予感できた人は必ず幸福になり、〝お金持ちになる〟ことが予感できた人は必ず富に恵まれます。〝成功する〟ことを予感できた人は必ず成功できます。

予感とは、それほど人生にとって重大な意味を持っている〝脳からのメッセージ〟なのです。

ところが、誰もがこの予感の力を信じていませんし、正しく活用してもいません。だから、あなたは自分が〝幸福になる〟と予感したことを忘れていますし、〝成功できる〟と予感したことも忘れています。

あなたが成功しないのも、幸福になれないのも、すべては〝予感に従って生きる〟ことが実践できていないからです。

その一方で、多くの人がとらわれた状態になっている〝悪い予感〟も存在します。

「自分には能力がないから難しいだろうなあ」

「どうも人間関係に恵まれないなあ」

「うまくいかないなあ。まあ、しかたないか」

「成功なんかするはずがない」

これらも予感であり、予感した以上、結果はそのとおりになります。

人生がうまくいかないのは、すべて自分自身が前もって規定した予感に従っているだけなのです。

本書で説明する**「予感力」は、これらの人生を規定する予感を、あなたが望むとおりの素晴らしいものに変える技術です。**

ます。

〝成功できる〟という予感をつくりあげれば、あなたはそのとおりに、成功する人になり

〝幸福になる〟という予感をつくれば、やはり、あなたは確実に幸福な人になります。

自分の望みどおりの未来を実現し、ツイてツイてツキまくる人になるための能力が、この「予感力」なのです。

本書で述べているのは、予知能力のような怪しいパワーではありません。誰の脳にも存在している科学的なパワーを生かす方法です。

オリンピック選手を頂点としたスポーツ界から経済界まで、すでに西田塾《にしだじゅく》では多くの「予感どおりの素晴らしい結果を手に入れた成功者たち」を輩出してきました。金メダルをとった選手たちも、著名な経営者たちも、結果を予感して日々の実践に邁進《まいしん》した、「予感力」が強い人たちばかりなのです。

「この本を読んだら、なにかすごいことが起こるかもしれない!」

そういう予感を持つことが、あなたの成功への第一歩になるでしょう。

西田文郎《にしだふみお》

【目次】

予感力

改訂版

人生を決める！　なぜか「ツキ続ける人」の習慣術

はじめに　「一流の人」が必ず持っている脳のメカニズム……2

第1章　なぜか「ツキ続ける人」の考え方

これが、五輪で金メダリストを生んだ「予感力」だ！

人生は〝予感〟によってつくられている……14
あなたの脳には一瞬で〝正しい筋書き〟を描く力がある……17
最初の「予感」を信じ続ければ、何歳になっても成功できる……20
「この人とは一生つきあえる」……その予感に従った結果は？……23
なぜ、「受かる」と予感した受験生は合格するのか？……26
誰もが生まれながらにして「夢をかなえる力」を持っている……29
どん底でも「幸せな未来」を思い描き続けると……32
女子ソフトボール日本代表の〝折れない心〟を支えた「予感力」とは？……35

成功を信じられる力「成信力」の驚くべき効果……38
ひとつの予感には一億円の価値がある！……41
「悪いことが起こらない人」になるのは、こんなに簡単！……44

第2章 「ツキ」を引きよせる、いちばん簡単な方法

あなたの脳が〝いい予感〟でいっぱいになる！

「お金持ちになれる」という予感が生まれる人、生まれない人……48
どうすれば〝いい予感が生まれる脳になるか？……51
「できない」が「できる」に変わる脳力の秘密……54
「こうでなければならない」を外せば、すべてがうまくいく！……57
おしどり夫婦に学ぶ〝いい予感〟を持ち続けるヒント……60
〝いい予感〟をつくる言葉、〝悪い予感〟をつくる言葉……63
自分を「マインドコントロール」する技術……66

「失敗は成功の母」は大間違い!?……69
予感を現実化する「直観のパワー」+「理屈のパワー」……73

第3章 「予感力」で夢を実現する脳のしくみ

「できない」「不幸」が「できる」「幸せ」に変わる!

「もうできない」は思い過ごし!?……78
「できる」「できない」を決めるクオリアの正体……82
なぜ、宝くじを買う人はお金持ちになれないのか?……85
脳にある「IRA」を刺激すれば、「予感力」は強くなる!……88
〝悪い条件づけ〟を克服する方法……92
新入社員に「トイレ掃除」をさせる会社が伸びる理由……96
先にほめられた人、後でほめられた人……どちらが成功する?……98
不快から快を呼び込む「振り子のメカニズム」を脳につくる……101

知っておきたい脳の〝四つの状態〟……104

第4章 「予感力」を高める毎日の習慣

〝いい予感〟が湧き出し、〝悪い予感〟が消える！

あなたが「いちばんやりたいこと」を考える……110
「こうなれたらいいなぁシート」と「こうなるシート」に書き込む……113
「夢のような未来」を具体的に想像する……118
夢の実現に〝疑いの心〟を持たない……121
ひらめいたことはメモする……124
人をほめ、自分もほめる……127
まわりの人に「笑顔」で接する……129
笑えないときこそ笑ってみる……132
「うまくいっているときのイメージ」を持ち続ける……134

物事をすべて簡単に考える……137
「マイナス言葉」を使わない……140

第5章 「予感力」がさらに高まる〝最強思考〟

「ツイている人」は、ここをいちばん大切にしている！

「上昇志向」より強力な考え方が見つかった！……146
成功を決定づける「二種類の幸せ」とは？……149
身近な人を大事にする心が〝いい予感〟をつくる……152
「予感力」の強さは〝母親への愛情〟の強さに比例する……155
〝感謝の心〟は究極のプラス思考である！……158
感謝のパワーを高める「十方思考」……161
お釈迦さまが教える、「ツイている人」になる確実な方法……165
「どんなことをするか」より「どんな気持ちでやるか」が大切……168

第6章

ツキを「続ける」ための習慣術

人生のすべてが〝いい予感〟に満たされる！

子どものころの幸福感を思い出す……172
どんな結果でも、いつもどおりの生活を続ける……175
一日二回、たった五分の「予感タイム」をつくる……179
「小さな成功体験」を見逃さない……182
すべてのことにワクワクしてみる……185
「社会的成功」を意識しすぎない……188
「他人のせい」を「自分のせい」に変える……191
まわりの人に「感謝」「愛情」を持つ……194
たくさんの人に〝いい予感〟を提供する……197

解説
〝いい予感〟ができない時代に、まず読んでおきたい必読の書！
本のソムリエ「読書のすすめ」店長　清水克衛……200

第 1 章

なぜか「ツキ続ける人」の考え方

これが、五輪で金メダリストを
生んだ「予感力」だ！

人生は〝予感〟によってつくられている

どんな人も、その人生は〝予感〟によってつくられている……。

そう聞いても、ピンとこない人が多いかもしれません。

かつてトーマス・エジソンは「天才は一％のインスピレーションと九九％の汗によって生まれる」と言いました。そのまま聞くと、たしかに予感が重要なのはほんの一％で、成功の九九％は本人の行動や努力に基づいていると結論づけているように見えます。

しかし、エジソンが言いたかったのはそういうことではありません。天才と呼ばれる人の成果は九九％が努力によって生まれているが、〝一％のインスピレーション〟がなかったら、それらは無に帰してしまうと言いたかったのです。

その**インスピレーションこそが、本書で説明する「予感力」**にほかなりません。

まず、〝予感〟のメカニズムについて説明しましょう。

私たちは道を歩いているときも、仕事にとりかかっているときも、異性を好きになるときも、あるいは人生を決めるような重大な選択をする場面でも、必ずその前に「こうすべきだ」とか、「こっちを選ぶべきだ」と予感します。自分にはそんな覚えはないように思うのは、〝意識していない〟からです。

予感は超自然的な力によって引き起こされるものではありません。脳にある記憶のネットワークから、なんらかの情報が引き出されることによって起こります。

そのプロセスには、「流動型」と「結晶型」の二種類が存在しています。

「流動型」は、私たちが意識して記憶のネットワークを使っている部分です。たとえば、道を歩いているときにT字路に差しかかると、「どっちに曲がるべきかな」とか、「ええっと、コンビニに寄りたいから右に行ったほうが近いな」と考えます。これは脳にある過去の情報にアクセスした結論です。

つまり、「流動型」というのは思考であり、分析して結論を出す作業のことで、予感とは違います。予感に該当するのは「結晶型」のプロセスです。

「結晶型」とは、無意識で行われる脳の記憶データの検索作業です。

たとえば、毎日通っている駅に向かう途中のT字路で、私たちは「右に行くべきか、左に行くべきか」などとは考えません。左なら左と自然に足が向かいます。このとき、脳では無意識のうちに「駅に行くのはこっちの方角だ」と過去のデータを検索しています。意識こそしていませんが、私たちの毎日は「結晶型」の作業の連続なのです。

ところがある日、ふだんなら左へ曲がるべきなのに、どういうわけか「今日に限っては左に行くべきではない。右に行こう」という直観がはたらく。そこで右の道を選択し、あとで「左の道で大きな事故があった」ことを知ることがあります。

これが一般的にいう予感であり、〝虫の知らせ〟です。これは、必ずしも予知能力というわけではなく、以前通ったときに大きな工事現場があったとか、「あの道は見通しが悪くて危なそうだな。あっちの方向に大きなトラックが走って行ったぞ」という事前情報を、私たちは無意識のうちにつかみとっています。

そして、たまたま「結晶型」のデータ検索作業を行ったときに、私たちの脳に「左に行くと危ないかもしれないぞ」というインスピレーションが湧き上がるのです。

意識されるにしろ、意識されないにしろ、**私たちは、つねに予感に左右されて人生を歩んでいます。**あなたの現在の仕事も、あなたの予感によって導かれたものであり、あなたにパートナーがいるとしたら、それも予感に基づいて判断されたものです。予感とは、無意識のうちに情報が脳で自動分析された結果であり、脳の奥底からのメッセージなのです。

●あなたの脳には一瞬で〝正しい筋書き〟を描く力がある

予感が脳の情報を分析した成果であるならば、その予感はおおむね〝正しい〟ものです。そこには論理性もありませんし、根拠もすぐには考えつかないかもしれません。

しかし、**ひらめいた瞬間に結論は出ています。**だから、私たちは予感に逆らうことはできません。

たとえば、二〇〇八年の北京《ペキン》オリンピックの水泳で二つの金メダルをとった北島康介《きたじまこうすけ》選手は、以前、日本記録を出したときに、「将来、間違いなく世界記録は出ます」と言いました。

彼は楽観的なことを言ったわけでも、自信過剰だったわけでもありません。自分の筋繊維の質と成長具合などを脳で無意識に分析した結果、「絶対、将来は世界記録を出せるところまで行く」と予感していたのです。

私は多くのスポーツ選手を指導してきましたが、大成する選手にはこのタイプの絶対的な「予感力」を持っている人が多いものです。それはビジネスで成功する人も同じで、どういうわけか根拠のないプラス思考で成功を予感しています。

これはポジティブ・シンキングのように、将来のことを前向きにとらえた結果として感じるものではありません。脳は最初からみずからが集積したデータを駆使して〝正しい筋書き〟を描いています。正しい筋書きだからこそ、そのとおりにやっていれば、誰もが成功できるのです。

「ツイている」「運に恵まれた」などと言う人は、みずからが持つ「予感力」を信じて行動した結果を出しているだけです。「予感力」があれば、当たり前のようにツキに恵まれます。

しかし、現実には、ツイている人と、ツイていない人がいます。成功する人と、成功しない人もいます。

この差は、予感を信じるか信じないかの差です。予感はあっても、「予感力」がない人は、ツキも成功も逃してしまいます。

誰かが成功すると、「オレも昔、同じことを考えたんだよな」と言う人が大勢現れます。よほどのものでない限り、アイデアというのは既存のアイデアの組み合わせだから、そういうことはたくさんあるでしょう。

しかし、多くの人は、そのときの予感を「根拠がない」と埋没させてしまいます。予感したことを〝詰める〟作業をしないから、現実になりません。

これは、運がなかったのではなく、予感を信じられなかっただけなのです。

プロスポーツの世界でも、最初の時点では〝いい予感〟を持っている人は大勢います。ところが、いざ本番になると、さまざまな壁がそこには立ちはだかります。予感はいつしか「自分はここまでなんだな」という〝悪い予感〟に変わり、そのとおりの結果に落ち着きます。

北島選手のように、**最初の〝いい予感〟を崩さなかった人だけが、最後に栄冠を手にしているのです。**

●最初の「予感」を信じ続ければ、何歳になっても成功できる

予感を絶対的なものと信じ、決して疑わなかった一人の人間の生涯をここで紹介しましょう。

アメリカの田舎に生まれた彼は、六歳のころに父親を失い、小学校も出ずに、十歳から農場ではたらき始めます。

その農場も追い出されるように出て行くこと三回。その後、軍隊を経て鉄道業界に就職しますが、うまくいかずに三度も職を変えます。法律の世界に入ったり、セールスマンになったりと、何度も自分に再起を促しますが、どうもうまくいきません。はたらき始めるたびに、どういうわけか災難に遭遇してしまいます。

けれども、**彼は「自分は必ず成功する」という絶対的な予感を持っていました。**その予感が、何度も彼に新しいことに挑戦させ続けました。

その成功のときは、ついに来たかのように思われました。セールスマンをやって稼いだ

資金をもとにガソリンスタンドの経営を始めましたが、それがなんとか軌道に乗ります。そのガソリンスタンドにレストランを併設したところ、彼のオリジナル料理が人気を呼んで大成功。続いてホテルもそこに建設し、一大事業を展開することになりました。

ところが、災難はまた降ってきます。あろうことか、このレストランが火事で全焼してしまうのです。

しかし、彼は決してあきらめません。「自分は必ず成功する」という予感を信じ、事業を再開して立ち直ります。かくして、ガソリンスタンド、レストラン、ホテルの各事業は成功したかに見えました。

ところが今度は、新たなハイウェイが建設されることになり、彼のガソリンスタンドがあった国道を車が通らなくなります。お客さんはまったく来なくなり、ガソリンスタンドもレストランもホテルも閑古鳥が鳴く状態になってしまいました。もうどんなに頑張っても、撤退する以外に策はありません。

このとき、彼はすでに六十五歳。普通なら年金暮らしで人生を終わるところです。

でも、彼は「自分は必ず成功する」という絶対的な予感を信じ続けました。

「私には引退という言葉はいらない。たとえどんな困難が待っていようとも、私はあきらめない。いままでがそうであったように、これからも何回でも立ち上がる。命ある限り私ははたらき続ける」

そう言って、彼はレストランで大好評だったオリジナル料理のレシピと器材を車に積み、全国のレストランに調理法を教えて、その権利料をもらうという新しいビジネスを始めたのです。この料理はフライドチキンでした。

そう、この六十五歳の男性こそ、ひょっとしたら世界中でその像を最も多く街頭に残している人物かもしれない。これが、かの〝ケンタッキーおじさん〟ことカーネル・サンダースの成功物語なのです（藤本隆一《ふじもとりゅういち》『カーネル・サンダース　65歳から世界的企業を興した伝説の男』産能大学出版部）。

最も世界で成功したフランチャイズビジネスのひとつである「ケンタッキーフライドチキン」ですが、その成功の理由は、なんと六十五歳からの不屈のチャレンジにありました。その背景には、**なにがあっても絶対に自分が予感したことをあきらめない、強い「予感力」への自信**があったのです。

「この人とは一生つきあえる」……その予感に従った結果は？

予感とは結論であり、そのとおりのことをすれば、そのとおりのことが起こります。

たとえば、これまで私は多くの出版社から「本を書いてほしい」という依頼をいただいてきました。大手出版社からも申し出を受けたのですが、いかんせん本を書くことは自分のやるべきことではないと思っていました。だから、何度頼まれても丁重にお断りさせていただいていたのです。

そんな折、出版業界にうとい私が名前を聞いたことがなかった現代書林《げんだいしょりん》さんという出版社から依頼をいただきます。もちろん、小さかろうが大きかろうが、本を書く気などまったくありませんでしたから、いつものように丁重にお断りするつもりでした。

ところが、その出版社の女性編集者・茂木美里《もぎみさと》さんの顔を見たとき、ピンと予感がひらめいたのです。

「ああ、この人とは一生つきあえるな……」

茂木さんの情熱がひとしおだったことは確かですが、その出版社で本を出すべき合理的理由はありません。むしろマーケティングを考えれば、大手出版社から出したほうが有利でしょう。

にもかかわらず、私はそれまでの方針を百八十度転換し、茂木さんに本を手がけていただくことに決めたのです。これが『Ｎｏ．１理論』という本でした。

結果的にこの本は大ヒットします。その後、数冊の本を同社から出させていただき、いずれもヒットしたことから、現在に至る私の作家活動の土台ができたのです。

むろん大手出版社を選んだ場合の結果はわかりません。しかし、少なくとも茂木さん以外の編集者で、そこまで多くの読者に喜ばれるような良書を書けたとは思えないのです。予感に従ったからこそ、私は作家活動で成功できたのだと思います。

茂木さんは、その後、独立して「美里出版」を創業し、その新刊の第一弾として電子書籍で拙著『憶聴《おくちょう》の法則』を刊行していただきました。

私が家内と結婚したのも、**「この人と一緒になったら、きっと幸せになれる」**という予感があったからです。同じように予感に従ってパートナーを選び、現在、非常に幸せな家庭を築いている人は多いはずです。

ところが、一方には予感を否定してしまう人も多くいます。

たとえば、ビジネスパートナーであれば、予感ではAさんを選んでいるのに、「Bさんのほうが儲《もう》かるから」とそちらを選んでしまう。あるいは結婚相手であれば、Cさんとなら幸せになれると予感しても、収入面や勤め先、あるいはルックスなどを吟味してDさんを選んでしまうことがあります。

人は根拠をどこかに求め、論理的な思考を踏まえたうえで選択をします。それは一見正しいように思えますが、たいてい失敗します。脳が導いた結論に逆らっているのですから、これは当然なのです。

根拠のない思考をバカにする人もいます。でも、本当は根拠がないわけではありません。たとえば、初対面の相手への予感であれば、脳はその瞬間に過去に自分が出会ったすべての人のデータを分析し、「この人は自分を成功に導いてくれる」とか、「この人なら私を幸せにしてくれる」という示唆を与えてくれているのです。

私は研修で、**「予感したら、コンマ一秒か二秒くらいで判断しろ」**と教えています。考えれば考えるほど、人は根拠のない予感を否定したがるからです。

予感どおりに、なにも考えず、正しい選択ができる力こそが「予感力」なのです。

●なぜ、「受かる」と予感した受験生は合格するのか？

予感は自分にとって好都合なことばかりではありません。

たとえば、入試直前の「自分は合格しそうもない」という予感。

あるいは、出社前に「今日は上司から叱られるかもしれない」という予感。

こういった **〝悪い予感〟をする力も、もちろん「予感力」です。** そして〝予感は結論である〟という原則に従えば、間違いなく現実はそのとおりになります。

つまり、「合格するはずがない」と予感した受験生は落ちますし、「叱られそうだな」と予感した社員はたいてい叱られます。実際に読者の中にもそんな経験を何度もしている方がいるかもしれません。

これらも脳が記憶データベースを分析した結果です。試験に落ちる受験生は、無意識のうちに自分の現在の学力を判断し、その成長度合いを見積もったうえで、「これは受からないな」と脳が結論を出しています。叱られる社員も、自分の昨日までの仕事内容を無意識のうちに分析しているから、「今日は叱られるかも」という予感が生まれるのです。

それならば、予感が正しいとしても、結局、私たちにはどうすることもできないと思うかもしれません。ネガティブなことを予感してしまったら、ネガティブな結果に向かうしかないのではないかと。

しかし、ここでおもしろい現象が起こります。

たとえば、入試を半年後に控えている受験生を見ていると、「自分は無理かもしれない」と予感している学生は、ほとんど試験に落ちます。

ところが、同程度の学力や偏差値の受験生でも、なぜか**「自分は合格できる」と根拠のない予感を持っている人**がいます。

彼らは試験前の時期になるとメキメキと実力をつけて志望校を突破します。数カ月前ならば考えられない学力、追いつくはずのない偏差値でありながら、超難関校に平気で合格する受験生もいるのです。なぜ、こういうことが起こるのでしょうか。

これは簡単な理屈です。

まず、「受かるはずないよ」と予感した受験生は、その時点で脳が「受からない」という未来を規定しているのです。予感は現実になりますから、そのレベルまで自分を高める必要はありませんし、勉強しようとしてもモチベーションは上がりません。

逆に「受かる」と予感した受験生は、受かるはずがないのに「受かる」と思っているわけではありません。脳が「自分が努力すれば、そのラインに到達できる」という確信を持っているのです。

「受かる」と知っているのですから、そのための努力も苦痛になりません。だから、必ず合格するのです。

「受かるはずないよ」と予感した受験生も、「絶対に受かる」と予感した受験生も、その時点から必要になる勉強量は同じです。それなら、**「受かるはずないよ」という予感を「絶対に受かる」に変えれば、合格することが可能になります。**

もちろん、その理屈は受験に限りません。どんな未来であれ、「それが可能になる」という予感を抱ければ、それは確実に現実になるのです。

予感を前もってコントロールすることは可能なのでしょうか。

じつは可能なのです。

誰もが生まれながらにして「夢をかなえる力」を持っている

私は、夢が実現するような〝いい予感〟を〝肯定的予感〟、「ダメかもしれない」といった〝悪い予感〟を〝否定的予感〟と呼んでいます。

〝否定的予感〟は、ほとんどが〝**刷り込み**〟によるものです。自分の〝肯定的予感〟を信じられないだけでなく、まわりの状況によって、それを否定的なものに歪《ゆが》めてしまっているのです。

だから、成功できない人は何年努力をしても成功できませんし、ツキがない人はツキに恵まれません。なんのことはない、すべてを自分で規定しているだけなのです。

たとえば、新入社員のほとんどは「この会社でいい仕事をするぞ」という〝いい予感〟を持っています。そのとおりに何年もはたらけば、誰もが確実に成長できるでしょう。

ところが、現実には会社ではいろいろなことが起こります。上司の機嫌が悪いこともあれば、望んでいない仕事を与えられることもありますし、努力をしているのに結果が出ないこともあります。その傍らで、自分より何倍も実力のある社員の姿をまざまざと見せつけられることもあります。

すると、〝いい予感〟に対する疑問が湧き起こり、「この会社で自分は成長できると思ったけど、ダメなのかなあ」と徐々に予感を信じられなくなっていきます。

そして、脳のイメージが「自分には無理なのかもなあ」という〝悪い予感〟に変わっていくのです。

本来、人は誰もが〝いい予感〟を持っています。

それは、赤ちゃんを見ればわかります。赤ちゃんが立ち上がるようになるまでには、何度もトライしては失敗することを繰り返します。数えたことはありませんが、それは大人だったらとうにあきらめてしまうような大変な回数です。

ときにはケガをすることもあれば、頭を床にぶつけてギャーギャー泣き叫ぶこともあります。それでも、赤ちゃんは「立てないかもしれない」という〝悪い予感〟を持つことはありません。何回失敗しようが、「立てる」という〝いい予感〟だけで圧倒的な行動力を発揮しています。それは、赤ちゃんの脳には〝否定的入力〟がまったくなされていないからです。

人が成長してさまざまな場面に出会うと、当然〝できなかった〟ことを体験していきます。その中で〝いい予感〟を〝悪い予感〟に変えるようになっていきます。

しかし、赤ちゃんはこのプロセスをまったく味わっていません。だから、赤ちゃんの脳には「立てる」という〝いい予感〟しかないのです。

当たり前のことのように思うかもしれませんが、そもそも立ったことがない赤ちゃんに、立つことが可能である根拠があるわけがありません。未知なることを「予感力」だけで実現しているのです。

「それはすごい！」と思われるかもしれませんが、あなたが赤ちゃんのころに、確実に成しとげたことに間違いありません。

人間はもともと、誰もが素晴らしい「予感力」を持っています。ただ、それを後天的な刷り込みによって封印してしまっているだけなのです。

どん底でも「幸せな未来」を思い描き続けると……

先にカーネル・サンダースの例を紹介しましたが、実際に成功者たちを見ていると、立てるようになる前の赤ちゃんのような〝いい予感〟を維持し続けている人が多いものです。

たとえば、元シアトル・マリナーズのイチロー選手は、プロ入りした当時、ほとんど二軍での生活を余儀なくされていました。しかし、それでも自分が野球選手として大成できることを疑いませんでした。

経営者でも、松下幸之助《まつしたこうのすけ》さんは丁稚奉公《でっちぼうこう》からキャリアをスタートしています。それでも〝いい予感〟を信じて謙虚に仕事を学び続けた結果、世界的な経営者になっているのです。

私の知人にも、印刷会社を引き継いでから、その会社を特殊印刷専門の大企業へと飛躍させた人物がいます。引き継いだときは倒産寸前の状態で、傍《はた》から見ると、苦労に苦労を重ねて、努力の末にやっと会社を立て直したように見えます。

ところが、彼に聞くと、それをまったく〝苦労〟とは思っていないのです。ただ、子どものころから「お母さんを幸せにするんだ」という〝いい予感〟を抱き、必ずそうなるものと確信して会社を経営してきました。その予感があまりにも強固なものだったから、どんな否定的な現実でも〝いい予感〟を抑制しなかったのです。

「うまくいきそうだ」という〝いい予感〟も、「うまくいくはずがないよ」という〝悪い予感〟も、実際は私たちの脳でつくられる実体のない感覚なのです。

きれいな風景を見て心が満たされた状態になるとか、暗闇の中で不安になるとか、私たちは脳で現実には存在しないさまざまな質感をつくります。そういった脳がつくりだす〝現実でないもの〟を引っくるめて、クオリアという用語が使われています。

〝現実でない〟といっても、私たちが知覚できる世界は、すべてクオリアの影響を受けています。たとえば、私たちは視覚をとおして現実世界を見ているように思っていますが、実際に見ているのは視覚情報を脳で再構成した世界です。

そうすると、〝あるはずがないもの〟も、クオリアによって「あるだろう」というイメージがつくりだされることで現実に見えてしまうことがあります。

私の門下生の登山家の話によると、標高八千メートル級の山で酸素が薄くなって苦しい状態になると、いるはずのないほかの登山者の姿が見えることがあるそうです。「このくらいなら、まだ登れるはずだ」という予感が幻を見せるのです。

〝いい予感〟を持っている人は、どんな物事でもうまくいき、それがその人にとっての現実になります。逆に〝悪い予感〟を持っている人は、うまくいかないのがその人にとっての現実になります。これが、ツイている人と、ツイていない人の違いなのです。

よく、お財布に千円札が一枚残っているのを見て、「もう千円しかない」と思うか、「まだ千円ある」と思うかによって運命は変わってくると言われます。しかし、本当に重要なのは、「ポジティブに解釈しろ」ということではありません。クオリアが肯定的なものであれば、目の前の現象は疑うことなくそのように見えるのです。

どちらに解釈するにしても、現象は同じです。ただ、〝否定的クオリア〟を持っている人は、目の前の現象を悪いイメージでとらえ、さらに〝否定的クオリア〟を強化していきます。その過程で、最初に思い描いた〝肯定的クオリア〟からは遠ざかっていきます。

しかし、**〝いい予感〟を持っている人は、なにがあってもあきらめることなく物事をやりとげることができます。**だからこそ、彼らは目標を達成できるのです。

〝いい予感〟がどんどん湧き出るようにクオリアをつくり替えてしまえば、誰でも成功できるようになります。本書では、そのためのノウハウを説明していきます。

●女子ソフトボール日本代表の〝折れない心〟を支えた「予感力」とは？

二〇〇八年の北京オリンピックで、女子ソフトボールの日本代表は金メダルをとりました。すでにご存じの方も多いかもしれませんが、私は彼女たちのメンタルトレーニングにかかわっていました。

このときに、**私が真っ先に修正するように指導したのが、彼女たちが大会前に感じていた〝悪い予感〟です。**

ソフトボールに限らず、オリンピックに出場する選手たちは、たいてい「勝たなきゃいけないぞ」という重圧がのしかかり、そのために「厳しい戦いになるぞ」といった〝悪い予感〟を持って勝負に臨みます。

すると、当然、どんな相手、どんな競技であってもプレーは〝厳しいもの〟になり、結果を出すのは大変なことになります。だから、本番では実力相応の力さえ発揮できない選手が多くなってしまいます。

女子ソフトボールの選手たちも例外ではありませんでした。しかし、それでも私が「予感を肯定的なものに変えられる」と思ったのは、彼女たちがこんなことを言っていたからです。

「ソフトボールは北京が終わったらオリンピックの正式種目じゃなくなってしまいます。やっている子どもたちは夢がなくなっちゃうから、どうしても金メダルをとってあげたいんです」

こうした**使命感と感謝が土台となった、自分たちの我欲を超えた目的は、〝肯定的クオリア〟をつくるのに最も有効です。**それは金メダルをとるというイメージの世界を、楽しく、ワクワクしたものにできるからです。

私の会社では多くのスポーツ選手を指導していますが、私自身が直接指導することはあまり多くありません。にもかかわらず、私はこの動機の純粋さに打たれて直接指導を決めたのです。「自分自身のために金メダルをとりたい」という思いだけだったら、直接指導することはなかったでしょう。

オリンピックで結果を残せない選手は、メダル獲得を最終目標にして、「あとがない」という悲痛なイメージで挑むことが多いものです。それに対して結果を残す選手は、メダル獲得をホップ・ステップ・ジャンプの〝ホップ〟くらいにとらえています。

かつての女子マラソンの有森裕子《ありもりゆうこ》選手もそうでしたし、北京で金メダルをとり、総合格闘技への転身を決めた柔道の石井《いしい》慧《さとし》選手もそうです。

外国人選手にも、オリンピックを飛躍のきっかけととらえ、「この先、もっとすごいことが起こるぞ」という〝いい予感〟を持って出場する人が多くいます。言い方は悪いかもしれませんが、「お金がガッポリ入るぞ」という予感を持っている人もたくさんいるでしょう。

こういった**〝未来に対するワクワクした感覚〟が〝いい予感〟をつくります。**だから、苦痛を苦痛と思わずに、思う存分に力を発揮できるのです。

女子ソフトボール選手たちも、「子どもたちを喜ばせる」という〝ワクワク感〟をともなったイメージを持っていました。しかも、自我の世界を超えたイメージですから、これをいい予感〟に結びつけていけば、必ず結果に反映されてくるのです。

彼女たちは〝悪い予感〟を〝いい予感〟に変え、〝楽しく〟オリンピックに臨むことができました。だから、結果を出せたのです。

彼女たちが持っていた〝いい予感〟は、誰でも必ず持てるものなのです。

●成功を信じられる力「成信力」の驚くべき効果

成功を信じられる力。私はこれを「成信力《せいしんりょく》」と呼んでいます。**「成信力」は〝いい予感〟の強さによって決まります。**どんな分野であっても、成功を間違いなく予感している人は、確実に思い描いた成果を手にすることができます。スポーツだろうが、ビジネスだろうが、恋愛だろうが、受験だろうが、すべて同じことです。

ところが、〝いい予感〟が持てなくなると、「成信力」は一気に衰えます。

スポーツ選手も「もうオレはダメだ」と感じてしまったら、どんなに頑張っても結果はともなってきません。早く引退してしまう人が多いのもそのためです。スポーツの結果は、体でなく脳で決まるのです。

スポーツ選手が成功の予感を失ってしまうのは、肉体的な壁に突き当たったことが原因となるケースも多くあります。しかし、ビジネスであれば、成功を信じることは簡単です。脳の思考力には壁がありませんから、誰でも予感を持ち続けることが可能です。

また、スポーツでは、一千番目の実力を持った選手が脚光を浴びることはありません。

しかし、**ビジネスの世界では、全国で一千番目に優秀ならば、社長として一代で上場企業を築く力を持っています。**一万番目でも「おらが町の出世頭」と言われ、本を書いたり、頻繁に雑誌に出たりするくらいの成功者にはなるには十分です。そんな中で〝いい予感〟を持てないことのほうが不思議なくらいでしょう。

私の場合もそうでした。もともとはサラリーマンだったのですが、一九七〇年代にイメージトレーニングの世界を知り、「これだ！」と思って転身を決めます。これはまったく根拠のない予感でした。

もちろん賛成する人はほとんどいません。当時の私は二十代で上場企業の支店長クラスでしたから、高度経済成長のおかげで収入は安定していました。

その収入を捨てて、海のものとも山のものともわからないような新しいことを始めるのですから、親戚も、会社の同僚も、友人も、みんな「やめとけ」と言いました。しかし、不安だった私が家内に相談したら、「それじゃあ、やれば？　はじめは大変だと思うけど、私が支えるから」と言われました。これが、私の〝いい予感〟を確実なものにしたのです。

いまにして思えば、やはり脳は正しい答えを導き出していたのだと思います。

当時はイメージトレーニングなど日本の大学のどこでも研究していませんでしたし、私自身もスポーツとは無縁でした。しかし、そういうトレーニングがドイツで行われ、その結果、素質のない人が世界チャンピオンになっていると聞いたこともありました。

サラリーマン時代の私は社員教育などに携わっていたのですが、優秀になる社員とそうならない社員の差はなんなのだろうかと、いつも疑問に思ってきました。

優秀になる社員は、必ずしも最初から能力があったわけではありません。そうではなく、**成功するイメージの高い社員が、素養いかんにかかわらず確実に実力をつけていく**のを目の当たりにしていました。逆に、成功するイメージの低い社員は、いくら学生時代の学力が高くてもなかなか伸びません。

だからこそ、私はいち早くこの技術の指導者になれば成功できると確信できたのです。事業として成功する根拠はありませんでしたが、私の脳は「うまくいく」という〝いい予感〟で満たされていました。

あとは〝予感どおりにしたから、そうなった〟というだけでしょう。

ひとつの予感には一億円の価値がある！

私は門下生の経営者に**「ひとつ予感がひらめいたら一億円だと思え」**と教えています。

仕事をしていて、なんとなく「これをやったらうまくいくんじゃないかな？」と予感する。あるいは街を歩いていて、「これはおもしろいぞ！」「これは儲かる！」と予感する……。

これはある種のひらめきですが、それを着実に追いかけさえすれば、その先には、少なくとも一億円以上の可能性が待っています。

この種の予感は誰の脳でも普通に起こることです。その瞬間は誰もがワクワクし、脳は〝いい予感〟で満たされることでしょう。

ところが、予感したことをそのとおりに実践する人はほとんどいません。

あるいは、実践したとしても、その結果が最初に期待したものと違っていたら、すぐに予感自体を否定してしまいます。

モテる男性を例にあげるとわかりやすいかもしれません。モテる男性は、例外なく〝いい予感〟が非常に強く、好みのタイプの女性を見ると、すぐに「この女性とおつきあいできる！」と予感できます。

それでも、口説けばすべての女性の心が動くかといえば、そんなことはありません。彼らであっても手痛くフラれてしまうことも多いようです。

では、なぜモテるのでしょうか。

「ああ、あそこでああいうふうに言ったのがまずかったな」とか、「今回は縁がなかっただけだな」とか「もっといい女性がいる」とすぐに開き直り、次に好みのタイプの女性と会ったときには**「今度はうまくいくぞ！」という揺るぎない〝いい予感〟**を持って再び口説くからです。口説く回数が多くなれば、そのたびに口説く能力やモテる技術が高まっていきますから、うまくいくことが多くなるのも当然です。

〝いい予感〟に恵まれない人には、これができません。

恋愛であれば、一度手痛い思いをしてしまうと、その次に好みのタイプの異性に出会っても、「またつらい思いをするのではないか」「どうせ自分には無理だ」という〝悪い予感〟が頭をよぎります。結果は予感どおりになるものですから、当然うまくいきません。

これが、モテない人の思考サイクルです。

ビジネスでも、エジソンは電球の発明に二万回もの失敗を繰り返しました。それでも「それは、失敗したのではなくて、電球ができない方法を一万九千九百九十九とおり発見しただけだ」と言ったというエピソードが証明するように、彼は失敗を失敗だとは思っていませんでした。ただ行動した結果を評価して、正しい結論に向かって進み続けたのです。

私は「アホ会」という集まりを主宰しています。これは、固定観念を脳から取り除き、〝アホ〟になりきった気分で、とことんプラス思考の大それた夢を語っていく趣旨の会で、有名な上場企業の経営者が何人も名を連ねている大きな組織になっています。そして、彼らはとことん「成信力」を高めていて、「成功する」という予感を疑うことがありません。

だから、**「失敗するわけがない」と信じていますし、客観的には失敗に見える結果に遭遇しても、それを失敗だとは感じないのです。反省という言葉とも無縁です。**

事実をありのままに評価し、その結果をプロセスのひとつとしてとらえ、最初に予感した目標に向かって新しい手を打っていく。それを支えるのは、つねに「最後には予感どおりになる」というワクワク感だけです。

「アホ会」では、このようにして、みんなが予感を現実のものにしているのです。

●「悪いことが起こらない人」になるのは、こんなに簡単！

先に説明したとおり、人は勝負に負けたり、失敗したりすると、自信をなくして、〝いい予感〟を〝悪い予感〟につくり替えてしまいます。

ある日本代表の陸上選手を指導したとき、彼はスタートラインに立った時点で、自動的に脳に「また、うまくいかないかも」という不安がよぎるようになっていました。これでは才能があっても記録を出せるわけがありません。

〝悪い予感〟がつねに脳に浮かぶ状態を「フラッシュバック」といいます。それを断ち切るには、**「失敗などない」という刷り込み**を脳に植えつければいいのです。

それでも、たしかに記録が出ないことはあります。しかし、それは、いつか世界記録を出すための過程にすぎないと考えるのです。

実際に「予感力」が強くなると、失敗は失敗ではなく、成功するためのひとつの過程にすぎなくなります。それを可能にした時点で、この陸上選手は見事な成長をとげたのです。

成功者といわれる人は、勝負に負けたり失敗したりするたびに強くなり、困難な状況を乗り越えていきます。それは、「自分は失敗などしない。最終的には必ず成功する」ことを疑っていないからです。

その秘訣《ひけつ》は、先に説明したクオリアにあります。**〝いい予感〟に満ちたクオリアを脳に持っている人は、目の前で起こるどんな現象も〝素晴らしい未来をかなえるための必然の過程〟に見えています。**

それも、意識してそう解釈するのではなく、当たり前のこととして認識されているのです。だから、「予感力」のある人には〝悪いこと〟は起こりません。あなたは、たちまちツイてツイてしかたがない人に変わります。

難しいことのように思うかもしれませんが、これは悪徳占い師がごく普通にやっていることです。彼らは最初に〝悪い予感〟のクオリアをつくることによって、相手が自分を信じなければ大変なことになると錯覚させてしまいます。私が指導しているのは、その逆のことなのです。

あなたも、〝いい予感〟を持って、それを揺るぎないものに維持できるようになれば、物質的な成功も、仕事における成果も、幸福な生活も、目標達成も、確実に思いのままになるでしょう。

第2章からは、あなたの脳に「予感力」のメカニズムを組み込むためのノウハウを説明していきます。それを鍛えることによって、誰もが確実に成功できるようになるのです。

第 2 章

「ツキ」を引きよせる、いちばん簡単な方法

あなたの脳が〝いい予感〟で
いっぱいになる！

●「お金持ちになれる」という予感が生まれる人、生まれない人

第2章では、人の予感によって引き起こされることについて、もっと踏み込んで説明していきます。

まず、〝お金持ちになる〟ということは、確実に予感の成果です。

なぜ、そう断言できるのでしょうか。

たとえば、「世の中はカネじゃない！」と、さもわかったようなことを言う人がいます。あるいは、「いまの世の中、個人資産をつくるのは大変だよ。生活さえできればいいや」と現実的なことしか語らない人もいます。

どちらも否定はしませんが、そういう人は間違いなくお金持ちにはなれません。

実際にお金持ちになっている人に「いくら個人資産をつくれますか？」と聞くと、「いやあ、わかりません」と答えます。それは、一般の人が否定したり、あきらめたりするのとは違って、「いくらになっちゃうかわからない」という意味なのです。それは、「つねに

自分の資産は増え続ける」という〝いい予感〟があるから、そう言うしかないのです。

お金持ちになる人は、自然にお金が集まるシステムをつくることができます。どんな仕事をしていても、いつのまにか飛躍するチャンスをつかんで成功を手にします。

また、お金持ちになる人には「お金は素晴らしいものだ」という意識があるという特徴もあります。

その中には見栄《みえ》っ張りで、稼いだお金を贅沢《ぜいたく》な品物を買うために使うことでお金の素晴らしさを誇示する人もいるでしょう。それが本当に幸せかどうかは別にして、**お金があることに対する〝悪い予感〟がないから、自然に収入は上がっていくのです。**

「誰だって、お金があるに越したことはないと思っているはずでは?」と考える方もいらっしゃるかもしれませんが、そうでもありません。先の「世の中はカネじゃない!」という言葉のように、世の中には〝カネは汚いもの〟〝お金を求めるのははしたないこと〟という潜在意識を持っている人が多く存在しています。これでは「自分はお金持ちになって幸せになれる」という〝いい予感〟は生まれません。

「世の中はカネじゃない!」という言葉はホームレスになられた方にも言えますし、自己破産した人にも言えます。さらに知人が別荘を買った、あるいは高級車を買ったと聞けば、

「どうせ悪いことでもしたんだろう」とネガティブにとらえるのでは、「自分はお金持ちになって幸せになれる」という〝いい予感〟が生まれるわけもないでしょう。

日本のトップ企業の社員たちは、お金に対する社会的知性があまりにも低いのです。だから、起業家になる人も、お金持ちになる人も少ないのです。

「自分はお金持ちになるんだなあ」という予感さえあれば、誰もがお金持ちになれるのです。そのためには、そんな〝いい予感〟が生まれる下地を脳につくっておかなければなりません。

どうすれば〝いい予感〟が生まれる脳になるか？

では、どうすれば「お金持ちになる」ことが〝いい予感〟として脳に芽生えるようになるのでしょうか。

それは簡単です。**〝お金を儲けること〟が、他人からねたまれるような〝悪いこと〟ではなく、自分を幸福にし、他人も幸福にできる〝いいこと〟であると考えればいいのです。**

実際にお金の機能を考えれば、そのとおりのことができるはずです。愛する人にプレゼントをしたり、いい暮らしをさせてあげたりするのでも、あるいはボランティア団体や慈善事業にお金を寄付するのでも、お金があればあるほど、より大きく貢献できることは確かです。だったら、お金儲けを「いいこと」ととらえるのは難しいことでもなんでもありません。

西田塾の門下生のある方は、数百人の社員を雇って大成功を収めています。彼の商売は通常なら儲かるものではありませんが、例外的にその世界で仕事の規模をどんどん拡大しています。それは「**誰かを楽しませよう**」**とする行為**が、そのままお客さんを増やすことにつながっているからです。

そのやり方は、稼いだお金をふんだんに使って、たとえばお客さんをゲイバーに連れて行ったりしてみんなを喜ばせるという非常にユニークなものです。〝相手を喜ばせること〟にどんどんお金を使うから、**「もっとお金を稼げば、もっと喜ばれるぞ」という思考**がはたらくのです。

ほかにも、花形の職業でありながら都会に出ずに、北海道で地道に商売をしている門下生もいます。彼の場合も、「地元の人たちを幸福にしよう」という意識が高いから、東京に出てくる以上に儲かっているのです。

お金持ちになるためには、「稼ぐ能力」「貯《た》める能力」「使う能力」の三つが必要ですが、まず〝稼ぐ〟ことができなければ、当然、貯めることも使うこともできません。

「稼ぐ能力」とは、この経済社会では原則的に「どれだけ人の役に立つことができるか」という原理によって決まります。〝お金儲け＝悪いこと〟と考えている人は、そもそもこの原理がわかっていません。

だから、お金持ちになる人は、「貯める能力」も「使う能力」も、見栄ではなく、実をとるために駆使できます。いたずらに贅沢なものを買うのではなく、〝ここぞ〟という場面のためにお金を蓄え、「これをやれば多くの人のために役立つ」という予感を持った瞬間にバーンと投資することができるのです。

それは、「自分がそれだけのことを成しとげられる」という予感に基づいた決断ですから間違いは起こりません。思うような結果が出なくても、すぐに修正を加えて正しい道に進んでいきます。だから、「**お金持ちになる人は、もっとお金持ちになる**」という好循環につながります。

お金儲けは多くの人に役立つと考えていれば、最初の予感にブレーキがかかることはありません。〝いい予感〟が次々と生まれるのも当然のことでしょう。

●「できない」が「できる」に変わる脳力の秘密

　お金持ちになることを否定する前に、「どうせ自分は……」と最初からあきらめてしまっている人もいます。これは先に説明したように、〝悪い予感〟がいつのまにか脳に刷り込まれてしまって、それが常識になっている状態です。

「どうせ自分は……」と考えるタイプは、お金持ちになる人たちを「自分とは能力も才能も異なる世界の人」ととらえたり、あるいは先に説明したように、「あいつらは、金儲けばかり考える悪いやつらだ」と自己弁護したりすることで、みずからを正当化しようとします。自分で未来を切り開くことなく、会社に依存し、「どうにかなる」と無難な毎日を過ごしている人が大半でしょう。

　しかし、「どうにかなる」とは限りません。いまの世の中、いつ会社がつぶれるかわかりませんし、老後の心配がないほどの退職金をもらえる人もごく少数です。

　それでも満足のいく人生を送れるのならいいでしょう。しかし、「どうせ自分は……」という〝悪い予感〟に支配されていますから、卑屈な思いを一生引きずり続けます。せっかく脳に可能性を秘めて生まれてきているのに、そういう考えにとらわれてしまうのは非常にもったいないことだと思います。

逆に、**「お金持ちになる」「成功できる」と〝いい予感〟を持っていれば、誰でもそうなれます。**能力や技術はあとからいくらでもついてきますから、難しいことなどなにもありません。「難しい」とか、「自分にはできそうもない」というのも、やはり予感なのです。

予感はそのとおりの結果になります。だから、「難しい」と思っている限り、いつまでもそれはあなたにとって難しい問題ですし、「できない」と思っている限り、あなたはそれをクリアできません。脳に抑制がかかって、絶対にそれ以上の結果が出なくなります。

たとえば、司法試験という難関があります。世間では「難しい」といわれているため、挑戦する人には「難しい」という暗示がかかってしまいます。さらに一度でも試験に落ちると、ますます「自分には困難な壁である」という自己暗示も生まれます。

そうやって不可能の予感を強くすれば強くするほど、ますます突破は困難になります。これが〝悪い予感〟の連鎖です。

私どもが司法試験を受ける人を指導するときは、**「そんなことはないよ。司法試験なんてちょろいものだよ」**という逆の暗示をかけます。

その方法はさまざまですが、たとえばテレビで報道された悪徳弁護士などをあげてみます。彼らは、どう考えても「なんでそんなことをしたの？」と思ってしまうくらい低劣な罪を犯しています。それでも、弁護士だから、司法試験を突破したことには変わりありません。

「あんな人でも試験に突破できるんだから、別に難しいことではないよね？」と聞けば、「ああ、たしかにそうかもな……」と簡単なことのように思えてきます。逆に、立派な弁護士ばかりを見ていると、壁はだんだん高くなってしまうでしょう。

〝お金持ちになること〟でも〝成功すること〟でも、理屈はまったく同じです。たとえば、あなたが昔から知っている人がお金持ちになったら、**「アイツがなれるのだから、自分はもっとお金を稼げるようになる」**と考え、同期入社の同僚が大成功したら、**「なんだ、簡単なことだったのだな」**と考えればいいのです。

成功やお金儲けが「簡単だ」という予感を持っていれば、誰もが自然にそう思えるようになります。**「自分にできないことなどなにもない」とハードルを低く見積もることが大事なのです。**

●「こうでなければならない」を外せば、すべてがうまくいく！

私はサラリーマン時代から物事を簡単に考えていました。なんのことはありません。能天気に、「**すべては簡単だからうまくいく**」と考えていただけです。

その一方で、まわりの一所懸命に仕事をしている人たちのことを、とても申し訳ないのですが、「なんで、こんなくだらないことを考えているのかな」と思っていました。みんな頭がよすぎて、物事を難しく考えすぎているのではないかと。

かつて私の人生の師が、「世の中には三種類の人間しかいない」と話してくれたことがあります。

第一は「言われたこともやらない人」。第二は「言われたことしかやらない人」。第三は「言われたこと以上のことをやる人」。その人は、「第一、第二のタイプの人間とはつきあうな」とまで言っていました。

第一のタイプは言うまでもないでしょう。問題は第二のタイプで、とにかく自分がやりたくないことや難しいことを、そのとおりにやろうとしか思っていない人たちです。だから、毎日のように「仕事は大変だよな」「忙しくてつらいよな」と目の前の課題を苦痛としかとらえていません。

そして、「苦痛なことをやる」というクオリアに支配されているから、苦痛ばかりの人生を送ることになります。それでいったい、なにが楽しいのでしょう。

私はこういう人たちと同じ思考になってはいけないと考え、おつきあいはしても、「自分とは人種が違うのだ」と思うようにしてきました。そして、難しい仕事があれば簡単に、苦痛な仕事も楽しんでやるよう工夫《くふう》してきたのです。そうやって、言われた以上の成果を出すように心がけてきました。

これは、**最初の「こうやらねばいけない」**とか、**「こういう思いでやらなければならない」という思考を外してしまえば簡単にできます。**物事は、最初の思考しだいで変わるのです。

私の門下生のキャバクラ経営者によると、弁護士、教師、医師、税理士など「師」「士」がつく職業の人は、女性に簡単にあしらわれることが多いそうです。資格によって成り立つ商売ですから、枠の中で仕事を収めようという意識が強くなり、「予感力」が失われている人が多いのかもしれません。あなたにその傾向があるなら要注意です。

先に受験生の話をしましたが、希望の大学に入れない子どもは、むしろ〝頭がよすぎる〟のです。頭がいいから〝悪い予感〟を論理的に受け入れてしまいます。

たとえば、模擬試験の成績が悪いと、一気に「東大は無理かなあ」と考え始め、「東大は無理だ。私立のここにしよう」と結論づけてしまいます。その時点で最初に持っていた「東大に合格できる」という予感が失われますから、すべり止めの大学にしか合格できません。

ところが、「予感力」を持っている子どもなら、模擬試験の成績が悪くても、「あれはたまたまだ」と切り替えて予感を維持します。現状がどうであれ、東大に合格することを難しいことととらえていませんから、最後には平気で東大に合格します。

「難しい」も刷り込みなら、「簡単だ」も刷り込みです。暗示によって「難しい」と刷り込んだ人なら、「簡単だ」と刷り込むことも簡単にできます。

人間は先天的に〝いい予感〟を持って生まれてくる動物です。だから、**後天的に合理的思考によって植えつけてきた悪しき思考さえ取り除けばいいのです。**物事はもっと簡単に考えてみてください。東大に合格する人は、本当は「アホ」なのです（笑）。

おしどり夫婦に学ぶ〝いい予感〟を持ち続けるヒント

ビジネスだけでなく、結婚のような人生のイベントも予感によって決まります。**男性も女性も、「この人と一緒になれば幸せになる」という〝いい予感〟があるから結婚します。**結婚生活のスタート時は、生まれたばかりの子どもと同じで〝いい予感〟しかない状態であり、〝悪い予感〟は刷り込まれていません。

ところが、〝いい予感〟を持って結婚しても、夫婦生活を送る過程で〝悪い予感〟どんどん刷り込まれてしまいます。

とくに最近の若い人は幸福になる「予感力」が低下しています。だから、夫が仕事をして妻が専業主婦をしている家庭を見ると、夫が「どうせ自分は……」という〝悪い予感〟を持つようになりますし、妻も「この人と一緒にいても……」という〝悪い予感〟を持つようになっていきます。

それでも女性の脳は辛抱強くできていますから、しばらくは我慢します。ところが、「この人と一緒にいても」という〝悪い予感〟はしだいに成長していき、やがて夫の定年が近づくと、「この人とこれ以上いたら、私の人生が台無しになる」と妻が三行半《みくだりはん》を突きつける。そういう例が非常に多いのです。

この傾向がとくに多いのは、理屈っぽい夫だと思います。「〇〇（妻）のためにお金を稼いでいるじゃないか」とか、「つらいことを我慢しているじゃないか」と正論を言うのですが、いずれも未来への〝いい予感〟を喚起させるものではありません。そういう言葉を聞くたびに、妻は「この人と一緒にいてもしかたがない」と感じるようになります。

では、夫も妻も共働きの家庭がいいかといえば、そうでもありません。妻が成功した場合に夫を捨てるケースも多くあります。むろん夫のほうが仕事にのめり込みすぎて破綻するケースもありますが、いずれもお互いに家族生活に対して〝いい予感〟をつくっていないから失敗するのです。

夫から見れば、妻に「家庭を守ってくれる」とか、「自分を癒やしてくれる」と一方的に都合のいい予感ばかりを描いています。妻も「幸せにしてくれる」とか、「感動を与えてくれる」という一方的な〝いい予感〟ばかりを持っています。

つまりは、**〝お互いにどういう予感を持っていけば幸せになれるか〟**という共通理解のもとに予感を維持していく作業が足りないのです。

〝悪い予感〟に支配されそうな状況であっても、一%でも〝いい予感〟の芽があれば、結婚当初の〝いい予感〟は維持できます。夫が仕事に忙しくて家になかなか帰れないときでも、電話しては「愛しているよ」とか、「来年になれば仕事も落ち着くから、そうしたら旅行でも行こうな」と期待があるうちは、たいてい夫婦生活は破綻せずに維持されます。

それは妻の側に、「あの人はそれでも家族のことを考えているはずだ」という期待値が残っているからでしょう。

この**一%の〝いい予感〟を、どうやって自分が主体的につくっていけるか**が、夫婦生活のカギを握っているのです。

〝いい予感〟をつくる言葉、〝悪い予感〟をつくる言葉

夫に対する妻の言葉で、最も「予感力」を低下させてしまうのが、「私と仕事、どっちが大切なのよ」というものです。

この言葉を言い続けるのはとても危険です。なぜなら、夫の予感を「**前暗示**」というマインドコントロールの手法によって打ち崩すものだからです。

マインドコントロールと聞くと〝恐ろしいもの〟と認識している人も多いことと思います。たとえば、カルト教団やテロ集団では、真面目な人を殺人鬼に変えたり、平気で高額のお布施《ふせ》を払ってしまったりするように変えてしまいます。それは、脳にはたらきかけて、その行為が正しいものであるように錯覚させることによって成立します。

「前暗示」とは、そのための最も基礎的な方法です。たとえば、悪徳商法では、占い師がのっけから「このままでは、近いうちにあなたに大変なことが起こります」などと断言して揺さぶりをかけます。

言われたほうは、もちろん不安になります。それに続けて、「このままでは、あなたば

かりか、お子さんまで危ない」などと大きく揺さぶられ、さらに「最近、不満なことがあるでしょう」などと突かれれば、「当たってる！」とますますその思いが強くなります。誰もが不満の一つや二つ持っているのが当然なのですが、揺さぶられて不安になった脳はそのことに気づかないのです。

そうやって脳が思考停止になった段階で、「災いを免れる方法があるんだけど、あなたにだけそっと教えましょうか」とやさしい言葉をかけます。こうして無意識にやさしい言葉がストンと入り、つい相手の思惑を受け入れてしまうようになります。これがマインドコントロールのひとつの手法です。

「私と仕事、どっちが大切なのよ」と問いかける妻は、自分がマインドコントロールをしているとは意識していないでしょう。しかし、この言葉を投げかけられるたびに、夫は「〇〇（妻）に決まっているじゃないか」と答えながらも、〝自分にとって、仕事とはなんなのだろう？　恋愛や家庭とはなんなのだろう？〟と価値観を根底から揺さぶられてしまいます。

その結果、妻のことを顧みるようになればいいのですが、たいていはそうなりません。仕事も恋愛も、自分の人生にとって大事な要素であり、二者択一で決められるような簡単な問題ではないからです。

だから、「うるさい妻だなあ」という自己暗示がかかってしまいます。それが予感になってしまったとたんに、恋愛なら破綻しますし、家庭なら崩壊するのです。

この「前暗示」を逆に利用したらどうなるでしょう。

「私と仕事、どっちが大切なのよ」ではなく、「お父さん、私のことよりも、仕事を頑張ってね」と問いかけましょう。夫から見れば、「ああ、こいつはオレのことを思ってくれているんだなあ」と、つねに〝自分は幸せな結婚生活をしている〟という〝いい予感〟が生まれ、逆に妻を大切にすることになります。

この手法を「**前フリ**」と呼びます。マインドコントロールにおける不安の「前暗示」の逆です。**言葉をつねに〝いい予感〟が育まれるものに変えていけば、どんな悪いことがあっても、最初の〝いい予感〟をいつまでも維持し、発展させていくことができるのです。**

自分を「マインドコントロール」する技術

「前フリ」の効果は、夫婦の会話だけに限りません。

たとえば、母親が勉強のできない子どもに、「あんた、勉強しなきゃダメでしょ。今日、勉強したの？」と言う。これも、子どもから見れば、「お母さんは、あなたのことを全然信用していないから」「あなたのことを絶対に信用しないから」と「前暗示」されているのと同じです。

勉強のできないお子さんを指導するときには、親御さんに「**『勉強したの？』とは絶対に言わないでください**」とお願いし、代わりに「**お母さんはあなたを信じているよ**」と言うように教えています。

実際、昔の母親はよくそういう言葉を使っていたものです。私も子どものころに母親から「お前を産んで本当によかった」と言われたのを記憶しています。それが私の脳に深く染みわたり、現在も〝いい予感〟を生み出す土台になっているのでしょう。

終戦直後は、貧しいけれども「家族で頑張れば、将来はきっとよくなる」という予感がどこかにありました。現在は家族がバラバラで、「お前なんか産まなきゃよかった」と面と向かって子どもに言う母親も多くなっています。現代に「予感力」が低下した人が多くなったのも当然のことかもしれません。

〝いい予感〟の土台となる「前フリ」を活用するのが、私が開発したブレイントレーニングの方法論のひとつです。そのメカニズムはマインドコントロールと同じですが、悪徳占い師のように不安や恐怖を脳に刷り込むのでなく、逆に**「ツイている」とか、「幸せだ」とか「自分にはできるはずだ」という〝いい予感〟の土台になるものを脳に刷り込んでいく**のです。

たとえば、ツキに関して言えば、「毎日生活していれば運に恵まれないことも起こるのではないか」と思うかもしれません。しかし、そんなことは気にせずに刷り込みが行われた人は、毎日〝ツイていること〟ばかりに目を向けるようになります。

私の門下生にも、「今日はラッキーなことに、こんなことを思いついたんですよ。おもしろいと思いませんか?」とか、「今度、こういうことをやってみようと思うんですけど、すごいと思いませんか?」などと、頻繁に、ときには夜中にまで電話をかけてくる人がいます。「予感力」がバリバリはたらいて、きっと夜も眠れない状態なのでしょう。

それらの予感はすべて実現して成功を収めるのですから、彼らの人生は〝ツイていること〟の連続です。

つまり、**現実がどうなっているかではなく、〝いい予感〟を脳に生み出せば、ツイていることがいくらでも起こってくるのです。**これが、ブレイントレーニングによって生まれる予感の効果なのです。

「失敗は成功の母」は大間違い!?

「予感力」が高い人は、アンラッキーなことに目を向けたりしません。失敗を失敗とはとらえません。すべては**「成功するためのひとつの過程である」**と解釈します。

実際に仕事に取り組んだり、あるいは勝負に出たりするとき、あなたは確実にひとつの成果を手にしています。それは「経験値」です。

ミスをすれば、そこから私たちは「こういうふうにすべきだったんだな」とか、野球であれば「あの速い球を打つには、もう少しバットを早めに出さないとな」ということを学べます。**学ぶことができたということは〝成長した〟ということであり、それは〝失敗〟ではありません。むしろ小さな〝成功〟なのです。**

「失敗は成功の母」という言葉がありますが、私は厳密に言えば間違っていると思います。成功者に失敗はありませんし、「失敗した」いう言葉自体が〝いい予感〟を崩しかねないものですから、本当は使うべきですらありません。「失敗した」と考えた時点から、人は失敗を恐れるようになるからです。

「失敗は成功の母」ではなく「失敗は失敗の母」というのは、次への挑戦を恐れ、あきらめてしまった段階で、せっかくつかんだ経験値が無駄になるからです。それが本当の失敗です。

世にいう成功者とは、一〇〇%経験値を積み上げることができた人たちです。

たしかに、すべてが〝いい予感〟ばかりで、失敗したときも「大丈夫！」と陽気に乗り切れるとまでは言いません。なかには悔しい思いをしたり、挫折を味わったりする人もいることでしょう。

しかし、最終的には〝いい予感〟を取り戻し、当初に感じた〝いい予感〟へと一直線に向かっていきます。決してあきらめることなく、つかみとった経験値を有効に発揮できるのです。

成功者には二つのタイプがあります。

ひとつ目のタイプは「**願望型**」で、病的なくらいに「成功できる」という〝いい予感〟にとりつかれています。成功を疑うことなく、思い描いた〝いい予感〟やイメージに向かって一直線に駆け抜けていくタイプです。

彼らは逆境をものともせずに成功へとひた走っていきます。言葉を聞いても、「はじめから成功を予感していた」とか、「運命的なものを感じていた」としか言いません。本田《ほんだ》宗一郎《そういちろう》さんや、孫正義《そんまさよし》さんなどが「願望型」のタイプでしょう。

現段階であなたが「成功できる」と実感できていないなら、この「予感力」が異常に強いタイプに自己を変革するのは、現実的には難しいかもしれません。

もうひとつのタイプは**「現実型」**です。静かな予感をじわじわ開花させるタイプで、失敗を正しく解釈して〝いい予感〟を着々と前に進めることができます。松下幸之助さんなどがこのタイプでしょう。

西田塾を受講された人に、手羽先《てばさき》で人気の居酒屋チェーン「世界の山《やま》ちゃん」を全国展開するエスワイフードを立ち上げた山本重雄《やまもとしげお》さんがいます。いまや年商百億円に迫る大企業です。

山本さんはもともと自衛官でした。「まったく関係のない仕事だから無理」とは考えず、「自分はできる」という予感に従い、一つひとつ問題点を詰めていきながら、いまの成功にたどり着いたのです。

闇雲に事業を推し進めていったのではありません。あくまで「知識のない自分が、なにを学べばいいのか」ということを、一つひとつ冷静にクリアし、大変な努力をなさったから会社を成功に導けたわけです。

どちらのタイプにしろ、**成功者は決して予感から逃げません。**実行するか、しないか。続けるか、あきらめるか。それだけが、成功できるか、できないかの分岐点なのです。

予感を現実化する「直観のパワー」＋「理屈のパワー」

第3章では「予感力」について、より科学的な側面から説明したいと思います。

まず確認しておきたいのは、予感は「直観」のような、いわゆる右脳の感覚的な部分だけで成り立っているのではなく、〝失敗→検証〟という、左脳で論理的に詰めるような思考のメカニズムも大きな役割を果たしているということです。

「予感力」について考えるときに重要なことは、第一に、**「その予感を行動に移すことができるか」**ということです。これは感覚的な部分が主体となりますが、いくら「こうすれば成功できる」と予感したとしても、それを実践しなければ〝いい予感〟の続きは湧き出してきません。

西田塾の門下生でも、**成功する人は他人から聞いたことをすぐにパクります。**「こうしてみたらいいんじゃないの？」と言って、すぐにそれを実践します。きっと、彼らの脳には「これをやったら、きっとうまくいく！」という〝いい予感〟が強くはたらいているのではないかと思います。

一方で、いくら高い料金を払って研修を受けても、それを実践しない人がいます。それは、「自分の仕事には当てはまらない」とか、「いまは時間的な余裕がない」とすぐに左脳を使って理屈で考えてしまうからでしょう。行き詰まると、そこからは理屈の問題ととらえ、「なぜ、うまくいかなかったのか」とか、「やり方にまずいところがあったのではないか」と左脳で詰めていく作業をします。

直観だけの人だと、うまくいかなかった時点で思考停止してしまいます。しかし、**「予感力」がある人は「うまくいくはずだ」という予感が強いので、論理的に分析して、軌道修正しながら目標に向かっていくことができる**のです。

しかし、「予感力」がない人は、いつも過去を見て分析して悦に入るだけで、下のほうばかり見て満足することが多くなります。

一方で「予感力」がある人は、いつも未来だけを見ています。だから、現在の仕事がなんであろうが、スケジュールがどうであろうが、**「これはおもしろいな」と感じたら、すぐに行動に移します。**その結果、「予感力」がある人は上へ上へとのぼっていくから、高いレベルの成功を手にするのです。

直観も理論も、あなたが持っている「予感力」に左右されています。「予感力」が強ければ、直観が生む否定的な感情にも、論理が導く否定的な解釈にも負けることなく、思い描いたゴールに向かって、どんな道をとおってでも到達することができるはずです。

だから、直観的な「願望型」の人だけでなく、どうしても考えすぎてしまう「現実型」の人でも「予感力」は鍛えられるのです。つまり、なにかとっかかりをつかもうと**本書を手にとってくださった方なら、誰でも「予感力」は確実に開発できる**ということです。そのことを、ここであらためて確認してください。

第 3 章

「予感力」で夢を実現する脳のしくみ

「できない」「不幸」が
「できる」「幸せ」に変わる！

●「もうできない」は思い過ごし!?

「できる」という〝いい予感〟と「できない」という〝悪い予感〟について、さらに考えてみましょう。

私は国体（国民体育大会）の強化選手を指導するとき、まず全員に手をあげて息を止めてもらい、限界まできたら手を下ろして息をしてもらいます。

とくに水泳の選手たちは、きわめて長い時間、息を止めることができます。彼らが最後になって手を下ろし、みんなが「すごいなあ」と感心しているときに、私はあえてこう言います。

「すごいけど、それが息を止められる限界ではないんですよ。本当の限界は、あなたが手を下ろした瞬間に口と鼻を押さえて、さらに三分か四分かして、心臓が止まるギリギリ前のところですよ（笑）」

これが真の限界で、人間の能力で〝これ以上はできない〟という段階です。

では、〝これ以上は息を止められない〟と手を下ろす瞬間はなんでしょうか。これは

「心理的限界」です。

「真の限界」と「心理的限界」の差は、私たちが想像する以上に大きいものです。

それは〝息を止める〟といった肉体的なことだけではなく、〝アイデアを出す〟といった頭脳的なことについても同じです。失敗すると、人は「もうやるべきことはすべてやった」とあきらめてしまいます。

しかし、エジソンが二万回も新しいアイデアを生み出したように、人のアイデアに限界はなく、限界は「心理的限界」にすぎません。この**「心理的限界」を決めているのが「予感力」の大きさなのです。**

この「予感力」の大きさを決める要素として、**「振り子の原則」**と呼ばれるものがあります。それは**図1**のような〝振り子〟で説明できます。右はプラス方向の「楽」、左はマイナス方向の「苦」となります。

この振り子を振ったときに、「苦」の方向で最大に振れるところが「心理的限界」の位置です。

一方で、「楽」の側で最大に振れるところが予感の大きさです。振り子ですから、当然、右のほうに大きく振れば、左のほうにも大きく振れます。

そうすると、当然ながら「予感力」が高い人ほど「心理的限界」が高くなります。実際に「成功できる」という〝いい予感〟を持っている人が成功できるのも、普通の人ならへこたれてしまうような大きな障壁に立ち向かえるからです。敗北から見事に立ち直るスポーツ選手や、倒産寸前からV字回復を成しとげる経営者には、このメカニズムがはたらいています。

振り子を見ていただければわかるように、**「楽」にプラス百の予感がある人は、逆方向に振ったマイナス百の「苦」に耐えられます。**逆に、十程度の「苦」すら耐えられない人は、〝いい予感〟も十程度の小さなものしか持っていません。

この振り子の〝振り幅〟の個人差が、成功できる人、成功できない人の差を生んでいるのです。これを決定づけるのが、先に説明したクオリアです。

図1　振り子の原則

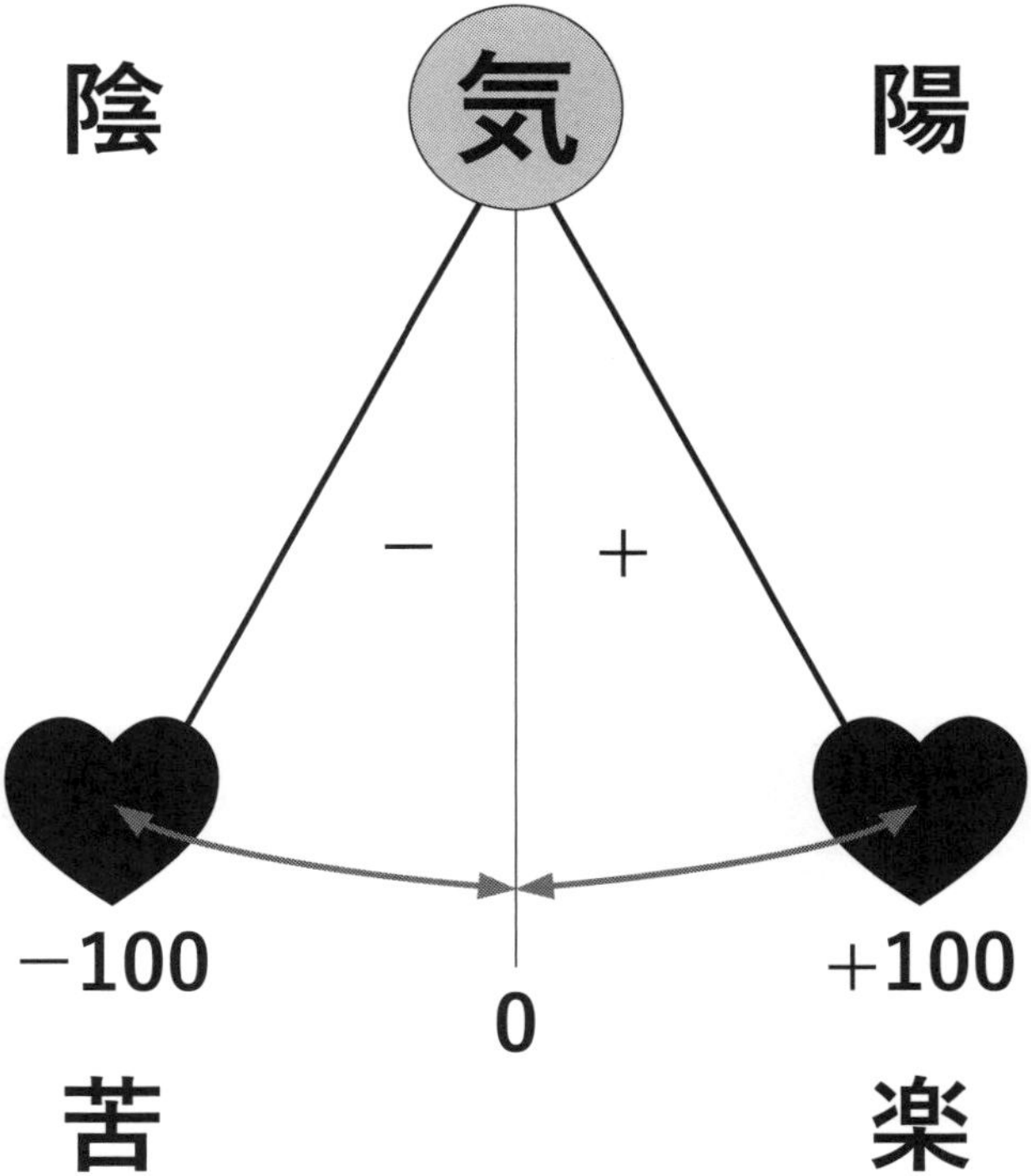

●「できる」「できない」を決めるクオリアの正体

先に、クオリアは〝私たちの脳でつくられる実体のない感覚〟と説明しました。オーストリアの哲学者デビッド・チャーマーズは、これを「科学における最大の難問だ」と述べています。それほどクオリアというのは、科学的には難しい問題なのです。目でも耳でも、その他の器官でも、私たちの感覚器は、絶えず外部からの刺激情報を感じとって、それを脳に伝達しています。すると、脳には即座になんらかのイメージが湧き上がります。その「感じ」こそがクオリアです。

たとえば、今日の気温は真夏日で三十六℃だったとしましょう。その科学的な事実は「気温が三十六℃である」ということだけですが、私たちはそれを「暑い」と思います。この「暑い」は感覚であって、科学的事実ではありません。そういう「感じ」こそがクオリアなのです。

それでも「だって、暑いものは暑いでしょう」と思うかもしれません。ならば気温が二十℃だったらどうでしょう。それならば「まだ暑い」と感じる人もいれば、「涼しい」と感じる人もいると思います。

さらに、同じ「暑い」でも、強く輝く太陽をイメージして元気な「感じ」を思い描く人もいれば、すぐにスーツ姿で汗ダラダラになっているイメージを持ち、「今日も外回りで大変だなあ」などというイヤな「感じ」を思い描く人もいるでしょう。このように、クオリアは一人ひとり違っているのです。

同じ課題を与えられたときに、「できる」と感じるのも、「できない」と感じるのも、じつはクオリアの違いによるものです。「予感の大きさ」と「心理的限界」の間の振り幅も、まさにクオリアとしてそれぞれが持っている「感じ」に左右されています。

たとえば、本書をここまで読んだとき、「自分は成功できるぞ」とワクワクしている人もいれば、「なんだか自分には難しそうだなあ」と不安を感じる人もいます。後者に対して「そんなふうに考えてはいけない」と言うのは簡単ですが、クオリアにそのような事実が表れてくる限り、一所懸命に前向きに考えようとしても不安が頭をよぎります。

つまり、思考を変えようと努力するのではなく、クオリアにメスを入れて修正しない限り、どうしようもないのです。

端的に言ってしまえば、私たちが「心」と呼んでいるものも、クオリアが無意識のうちにつくりだしたものです。

それは、私たちの心が感じるものを考えていただければすぐにわかります。不安、恐怖、ねたみ、不満、あきらめ……などなど、これらはすべて実体のない「感じ」です。

一方で、自信、確信、夢、明るさ、元気、親切……なども、すべて実体のない「感じ」です。前者を〝否定的クオリア〟、後者を〝肯定的クオリア〟とすれば、私たちは〝否定的クオリア〟に支配されているときに〝冷たい人〟〝ダメな人〟になり、〝肯定的クオリア〟に支配されているときに〝いい人〟〝やさしい人〟になるのです。

クオリアを修正するということは、こういった二つの「心」を切り替えることです。それは、私たちがふだんからやっていることですから、修正は簡単なようにも思えます。

しかし、クオリアがつくりだす「心」の根の部分は、もっと深いのです。そこから変えていく方法を、これから説明していきましょう。

なぜ、宝くじを買う人はお金持ちになれないのか？

成功する人は〝成功するクオリア〟を脳に持っています。

そのクオリアには、なにがあっても「自分は成功に向かっている」と確信できるような〝いい予感〟があります。だから、どんなマイナス現象が起こっても、軌道修正して成功に向かっていきます。これは「振り子の原則」から考えても明らかです。

ところが、実際は多くの人が「成功したい」と言いながらも、それが実現するようなクオリアを脳につくっていません。だから、〝成功できる〟ではなく、何年たっても〝成功したい〟のまま変わらない状態が続くのです。

わかりやすい話で、たとえばあなたが**「ここに十億円あるから、これを使ってなにかやりなさい」と言われたら、その使い道をすぐにイメージできるでしょうか。**

ずっとお金に縁がなかった人は、その状況が想像できません。「おいしいものを食べる」「いい車を買う」などと考えても、たかが知れています。家を買うにしても、十億円でどれくらいのものが手に入れられるのか、あるいはそのお金をどこに運用するか、その資金を元手になにをするか、具体的なことを思い描くことはとても難しいと思います。

つまり、イメージがなければ、「十億円を手に入れること」は、あなたにとって非現実的な世界の話なのです。「あったらいいな」であって、決して「手に入れられる」という予感にはなっていません。

先に説明したように、お金は「稼ぐ力」「貯める力」「使う力」のバランスがあって初めて意味があります。プロスポーツ選手でも、「稼ぐ能力」があるのに、「貯める力」と「使う力」がないばかりに自己破産してしまったというニュースはよく耳にします。

だから、成功するためには、仕事で着実に実績を出し、幸福のためにきちんと資産を築いていけるようなクオリアを形成する必要があるのです。

私はよく、**「決して宝くじを買ってはいけない」**という話をします。あなたは買ったことがあるでしょうか。

なぜ、そう言うのかといえば、それもひとつのクオリアをかたちづくるからです。一攫《いっかく》千金《せんきん》で大金を手に入れることを夢見る人は、自分が実力でそれだけの金銭を手に入れることを否定しています。三千円くらいの安い資金で「それだけの労力を省けたらいいな」という、貧乏になる〝悪い予感〟を知らず知らずに持っているのです。

予感はそのとおりの結果になります。だから、本当に「これを買えば絶対に当たる」という予感を確信したのなら、あえて買うことを否定はしません。しかし、ほとんどの人は「あわよくば当たったらいいな」という期待感で夢を買ったつもりになっているだけでしょう。

ということは、夢を買ったつもりでいて、実際はそれによって〝稼げる人になる〟という夢を捨てているのです。「当たったらいいな」と期待する一方で、自分のお金を稼ぐ力を否定しているということです。

つまり、宝くじひとつで自分のクオリアを無意識に小さくしているのです。実際、宝くじの高額当選者の中には、仕事で好成績を上げていたのに、自堕落になってしまってチャンスを失う人もいます。

どうしてもスリル感を味わいたくて宝くじを買うのでしたら、当たったお金をドカーンと寄付してしまうくらいの気持ちで買っていただきたいものです。とはいえ、そこまでして宝くじを買うくらいでしたら、**「それくらいの額はいつでも稼げる」と自分のお金を稼ぐ力を疑わない気持ちを持ったほうがいいのではないでしょうか。**

●脳にある「ＩＲＡ」を刺激すれば、「予感力」は強くなる！

〝成功するクオリア〟が小さくなってしまったら、どう修正すればいいのでしょうか。そのためには、**思考や論理で自分を納得させようとするのではなく、最も原始的な脳の根幹部分を動かすのです。**

図2は大まかに描いた脳の構造です。私たちが考えたり、なんらかの決断を下したりするのは、図の「**大脳新皮質**《だいのうしんひしつ》」と呼ばれる部分です。論理思考を司《つかさど》る「左脳」も、直観を司る「右脳」も、両方とも大脳新皮質の中に組み込まれています。

人間は異常なほどまでに著しく大脳新皮質を進化させた動物です。だからこそ、人間は知恵をつけ、文明を築き上げ、芸術など、あらゆるものを生み出しました。まさに大脳新皮質の賜物《たまもの》と言えるでしょう。

しかし、人間が大脳新皮質を進化させるより前の、初期のころから存在していた原始的な脳の部分があります。それが図に示されている「**大脳辺縁系**《だいのうへんえんけい》」です。

大脳辺縁系にもさまざまな機能がありますが、注目していただきたいのは「感情」を司

図2　人の脳のしくみ

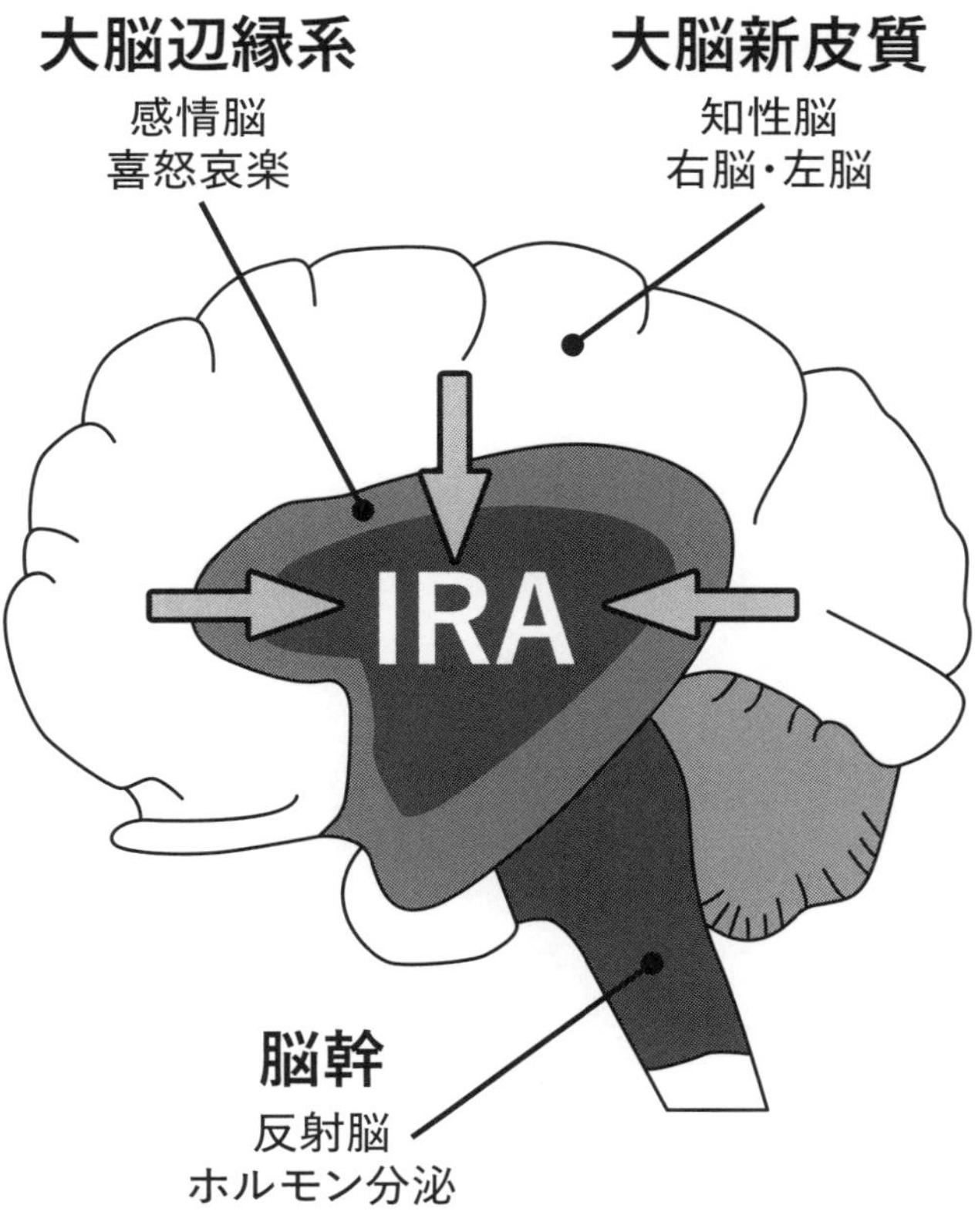

る機能です。「うれしい」「悲しい」「腹立たしい」「楽しい」など、私たちの喜怒哀楽はここで決定されます。それが大脳辺縁系とつながって、私たちの心や意識、すなわちクオリアを形成しているのです。

しかし、この大脳辺縁系も、その根幹はもっと単純な部分にあります。それが一・五センチほどのアーモンド型をした「**扁桃核**《へんとうかく》」と呼ばれる部分です。

扁桃核が判断するのは、「快」か「不快」かという最も単純な感情、すなわち「好き」か「嫌い」か、のみです。

私たちは、自分の安全を脅《おびや》かしたり、自分が不利になったりしそうな物事を自動的に「不快」と判別し、安全でメリットがあるものを「快」と判別します。

感情の出発点も思考の出発点も、すべてはここにあります。脳の根幹的な部分である大脳辺縁系のさらに根幹的な部分が、この扁桃核なのです。

扁桃核よりさらに原始的な部分もあります。これが「**脳幹**《のうかん》」です。

たとえば、いれたてのお茶をこぼしたら、誰もが「アチッ！」と反応します。このような瞬間的な〝反応〟を扱っているのが脳幹です。いざというときでもリラックスできたり、逆に怖《お》じ気《け》づいてしまったりするのも〝反応〟です。だから、同じく〝反応〟のように湧

き起こる予感にとっても重要な要素を占めます。

クオリアは、扁桃核や脳幹を最も基礎の部分として、大脳辺縁系や大脳新皮質にまたがる複雑なものです。だからこそ、**「予感力」をつけるためには根幹部分を刺激しなければなりません。**この根幹部分を私は「**IRA**」(Instinct Reflex Area)と呼んでいます。

●悪い〝条件づけ〟を克服する方法

「予感力」が高い人とは、ＩＲＡがつねに「快」のほうに振れている人です。

ＩＲＡが「快」の反応を起こしていれば、次から次へとひらめきが起こり、思う存分に能力を発揮できます。

よい出会いに恵まれて、最高のチャンスをつかめるような〝とことんツイている人〟になれますし、どんな困難があっても、「なんのことはない」とはねつけて、成功へとひた走ることができるようになります。

それは、脳が自動的にそう解釈するから、自然に「快」の方向の結果になるのです。

ＩＲＡは意識的にコントロールできません。いくら一所懸命に「快」と思うようにしても、それで〝いい予感〟が生まれるわけではないのです。

「トラウマ」と呼ばれる心理的な現象があります。過去の体験が知らず知らずのうちにＩＲＡに条件づけされ、ときには脳幹の拒否反応にまで表れてしまう現象です。

魚料理で食中毒になった経験があると、魚を見ただけで拒否反応が起こってしまう人がいます。食べたときと違う店、違う料理人、そして違う魚でも起こるそうです。

意識では違う魚だとわかっていても、胃がそれを受けつけません。これが「トラウマ」という体の拒否反応です。

同じように、子どものころから「お前はなにをやってもダメなんだ」と言われ続けた人は、どんな情報を受けても「自分はダメなんだ」という反応が起こるようにIRAがプログラミングされてしまっています。

逆もまたしかりです。**「あなたはいつかすごい人になるよ」とか、「私は信じているからね」と親に言われ続けてきた子どもは「予感力」が非常に高くなります。**

『昆虫記』で知られるファーブルは、おばあちゃんっ子だったそうです。そして、彼は「学校に行ってきます」と出かけたまではいいのですが、通学途中で虫を見つけ、そのまま森に行って、暗くなるまでわれを忘れて観察していたそうです。

ところが、おばあちゃんは、「学校はどうしたの！」と叱るどころか、「あなたは将来、モノになるよ」とほめたそうです。そんな条件づけが、彼の「予感力」をつくりあげたのでしょう。

絶対的な「予感力」を持っている人はごくわずかで、たいていはトラウマとまではいかなくても、「自分にできるかなあ」とか、「どうしてもネガティブに考えてしまう」という「不快」の方向にはたらくＩＲＡを築いてしまっています。

そういう人に「いや、あなたはできる」「大物になれる」と言い聞かせても、「拒否」の反応を示すだけです。

拒否は、情報を受けたときに真っ先に起こる「自分にはできない」という潜在意識下での反応です。だから、多くの人が成功法則について書かれた本を読んでも、実際に成功するのはごくわずかなのです。それは、**すでにＩＲＡを築いた時点で結果が決まっているから**です。

マネジメントについて書かれた本では、とかく部下をほめたり、「あなたは、本当はできるんだ」と、いい未来を描かせたりするような言葉の重要性が説かれています。しかし、それでもなかなか部下が反応しないのは、「そうなんだろうか？」という拒否反応が最初に起こっているからです。

拒否するだけならまだいいのですが、「そう言われたから、もういいや」などと言って、それからなにもしなくなってしまう部下もいます。そうなると、〝ほめる〟ことも〝可能性を示唆する〟ことも逆効果になります。これは、あとで説明する「バーンアウト」の状態にある人の特徴です。

そこで考えていただきたいのは、たとえば魚料理にトラウマがあった人が、それを克服するにはどうしたらいいかということです。もちろん、それは、実際に食べてみて、「おいしい！ そうか、魚って、こんなにおいしいものだったんだ！」と感動することです。

むろん、そのときに、この人は事前に〝不快な思いをこらえて食べてみる〟ことを行っています。つまり、**「快」をあらためてＩＲＡにインプットするために、進んで〝不快とはどんなことか〟を先に体験しているのです。**

●新入社員に「トイレ掃除」をさせる会社が伸びる理由

「快」の前に「不快」を与えると聞くと、まるでスパルタ教育のように思う人もいるかもしれませんが、これはそれほど意外な話でもありません。

たとえば、あなたが**「仕事は素晴らしい」「達成感があった」「感動した」**と思うのは、どんな場面だったでしょうか。

新人のころに、初めてのお客さんを開拓した、上司に初めて企画書を認められた、などという場面があげられるのではないでしょうか。

しかし、「入ったその日に営業に行ったら、すぐにお客さんができた」という人なら達成感はないと思います。達成が感動的なのは、その前に多くの「不快」があったからではないでしょうか。

朝から晩まで駆けずり回っても、なかなか営業成績が上がらない。「自分はダメかな」「もう辞めようかな」などと思いながら、それでも「今度こそ」と歯を食いしばって頑張る。そんな折に、「あなたはよくやっているねえ。感心するよ」などと笑顔で商品を買ってくれるお客さんに出会った。そんなときに、人は「やっててよかった！」と感動するのです。「不快」があってこその「快」なのです。

新入社員に必ずトイレ掃除をやらせる経営者がいます。その方法には賛否両論あるでしょうが、この会社では優秀な社員が何人も育っています。

つまり、これも最初に「不快」を味わうことの効果なのです。イヤな仕事を体験した社員たちは、一人前になってから、自分がやりたかった仕事で初めて喜びを知ります。**「不快」を受け入れたからこそ、あとで手に入れる「快」の状態が高くなるのです。**

そうすると、この「快」と「不快」が先に説明した「振り子の原理」で成り立っていることがわかると思います。「予感力」が高い人は振り幅が大きいため、大きな困難に対処していけます。「楽」と「苦」の幅の大小がそのまま「予感力」の大きさを表すのです。

そこで「不快」を最初に与えるということは、この振り子をまず思いきりマイナスの方向に振ってしまうことです。当然、その反動でプラス方向にも大きく振り戻されますから、「快」の値も大きくなります。これが**「ＩＲＡの振り子の原則」**と私が名づけている効果なのです。

●先にほめられた人、後でほめられた人……どちらが成功する？

アメリカの心理学者エリオット・アロンソンとダーウィン・リンダーは、次のような実験をしています。

「ほめる」と「けなす」を以下の四パターンで行った場合、どの場合が最も好意を持たれ、どの場合が最も悪印象を持たれるか、というものです。

あなたは、どれが正解だと思うでしょうか。

①最初から最後まで一貫してほめる
②最初はけなし、途中からほめる
③最初はほめ、途中からけなす
④最初から最後まで一貫してけなす

①のように〝ほめ続けた人〟がいちばん好意を持たれるかといえば、そうではありません。結論をいえば、**②の最初はけなしてマイナス方向に振ってからほめた人が、最も相手から好感を持たれたのです。**これは、「ほめたことが帳消しになっている」というだけでなく、「好感を持たれた」のですから、その前にけなしたことが効く」ということです。

好感度は、ほめたり、けなしたりする人のふだんの行動にもよりますし、どんなことをけなしたり、どんなことをほめるかの内容にもよります。だから、「人に悪口ばかり言えば、オレは好かれる人になれる」などと誤解しないでください。①の場合で好かれなかったのは、明らかにほめられるべきところでないところをほめられたため、〝お世辞〟や〝おだて〟と受けとる人が多かったからです。

逆に、最も悪印象を持たれたのは、③の〝ほめたあとでけなす〟人でした。最初にプラス方向に強く振り子を振ってしまったものですから、あとで返ってくるマイナスの印象も強くなったのです。

トイレ掃除をやった社員が〝できる社員〟になるのは、たんに「快」の値が大きくなったからではありません。**「快」の値が大きくなったことで、仕事に対する〝いい予感〟の度合いも大きくなっているからです。**

仕事にいいイメージを持っていれば、当然、いい結果を出し続けることも予感できます。新入社員に限らず、「予感力」が低くなった人は、一度、トイレ掃除を経験してみたらどうでしょうか。

逆に、せっかくいい仕事ができるようになり、「成功できる！」という「予感力」が湧き始めた社員に、「おい、新人が辞めちゃったから、お前、明日はトイレ掃除な」と上司が命じたらどうなるでしょう。

これは実験の③に当たるパターンで、最もよくないやり方になります。高まった「快」が大きく「不快」のほうに振り戻されますから、そのぶん、会社への不満が高くなります。これは、成長しかけた社員をつぶすようなものです。

およそ二千五百年前に、みずから最悪の「苦」を実践した人がいました。お釈迦《しゃか》さまです。

そのお釈迦さまは、苦行を実践したあとで、「苦行には意味がない」と言いました。

振り子をマイナス方向に思いきり大きく振ったお釈迦さまは、圧倒的な「予感力」を手にすることができたのです。

不快から快を呼び込む「振り子のメカニズム」を脳につくる

思いきり「不快」のほうに振り子を振ったからといって、必ずしもそれが〝いい予感〟のもとになるわけではありません。

人間の脳は単純にできていて、普通はいいことがあれば〝いい予感〟が生まれ、悪いことがあれば〝悪い予感〟が生じます。悪いことがあっても〝いい予感〟を生み出すというのは、ずば抜けて「予感力」が高い人たちだけでしょう。

「予感力」が強化されるのは、「快」のほうに振り子が戻ってきたあとです。その点で「不快」を与え続けるスパルタ教育は必ずしも正しくありません。

「不快」のほうにＩＲＡが振れたときに、最初に表れる反応は〝ショック〟です。それが〝怒り〟や〝不満〟につながり、拒否という反応が起こります。

これは、「失敗・負け・サイクル」と私が呼んでいるものです。「予感力」が低い人は、拒否の段階で予感が止まっています。最悪の場合、それは〝うつ〟にまで至ります。

ところが、「予感力」が高い人は、拒否の段階までできた振り子を自力で逆方向に引き戻すメンタリティを持っています。それを「受容」といいます。振り子が戻ることによって、立ち直るだけでなく、振り子に勢いをつけて、さらに高い「快」のレベルにまで届かせることができるのです。

たとえば、北京オリンピックで三試合で敗戦投手となった野球選手は、帰国後、そのショックを乗り越え、名誉挽回《ばんかい》とばかりに、それまで以上のすさまじい活躍を見せて健在ぶりをアピールしました。これも強い「予感力」が生んだ成果です。

このようにして**ショックを受けるたびにレベルアップしていくのが、うまくいく人や、ツイている人の脳に存在しているメカニズムなのです。**失敗したり、うまくいかなかったりするたびに成長し、「予感力」が高くなっていくのですから、あとで振り返ってみると、ツキまくり、うまくいくことばかりだったのもうなずける話だと思います。

先に、立って歩くために奮闘する赤ちゃんの話で説明したように、このメカニズムは誰の脳にも備わっているものです。しかし、環境からの刷り込みを受け、知らず知らずのうちに拒否の段階で予感を止めてしまうメカニズムをつくってしまっているのです。

ドラフト会議で指名されて入った野球選手を指導するとき、私は真っ先に「**素晴らしい**

先輩の選手がいても、尊敬するな」と教えます。

そんなことを言うと、ひねくれた人間ばかりが育つように思うかもしれません。しかし、一年目の選手が先輩を見れば、「この人はすごいな」と思うのは当然です。そこまでならいいのですが、「この人は素晴らしいから、勝てるはずがない」「特別な人だ」と刷り込まれてしまうと、必然的に「その先輩以上の選手にはなれない」という〝悪い予感〟が固定されてしまいます。

ただでさえ競争の激しいプロ野球の世界です。そんなふうに限界値が設定されてしまうと、抜きん出た実力をつけることは絶対にできなくなります。

それに比べれば、**ビジネスの世界は、二流、三流でも、上手《じょうず》にやっていけば成り立っていける世界です。**しかし、「予感力」が弱いままでは、不満を抱えたまま、自虐的な意識を抱えたまま、可能性を開花させることができないまま、気づいたら定年を迎えていた、なんてことだってありえます。

本書をここまで読んでくださっているあなたなら大丈夫でしょう。

知っておきたい脳の〝四つの状態〟

スーパーブレイントレーニングは、私たちが第三者の手で振り子を動かしてあげて、成功者が持っている振り子のメカニズムを脳につくるようにする方法です。

自分で「予感力」を高めることは、ふだんの習慣づくりによっても可能です。第4章からは、その考え方や方法についてくわしく紹介していきましょう。

その前に、あなたが目指す脳の状態をもう一度確認しておきます。人の精神状態は次の四つに分類されます。

①**メンタルヴィゴラス**………やる気満々状態
②**メンタルサプレスト**………しかたない状態
③**メンタルディプレスト**……無気力状態
④**バーンアウト**…………………燃え尽き状態

そのレベルは**図3**のようなピラミッドで示されます。もちろん、あなたが脳につくるべきは、最頂点の「**メンタルヴィゴラス**」です。

人が「メンタルヴィゴラス」の精神状態のとき、扁桃核は「快」のほうに振れ、大脳辺縁系も「やる気」「行動力」「愛情」といったプラスの感情に満ちています。このとき、脳幹と大脳辺縁系の間にある間脳の脳下垂体からは、全身の活動を高めるホルモンが湧き出ています。

「予感力」は、このときに最高の仕事をします。願ったことはすべて実現し、それを不可能と感じることはありません。

次の「**メンタルサプレスト**」とは、頑張らなければならないときに頑張れる状態です。だから、ＩＲＡやクオリアは義務感や苦痛など、脳幹を「不快」な方向に引っ張る情報に満ちあふれています。

「成功したいけど、自信がない」と思っている人の多くはこのタイプです。あなたがこのタイプだとしても、本書を手にとったとすれば、「うまくいくようになりたい」「自分を変えたい」という高いモチベーションを持っているに違いありません。

「メンタルサプレスト」の状態にある人は、「仕事を好きになろう」とか、「ポジティブに考えるようにしよう」と大脳新皮質を意識変革できます。問題は、ＩＲＡにかかわる大脳辺縁系や脳幹をどうコントロールしていくかということです。

だから、あなたがこの段階にいるとしても、もう意識変革の入り口に差しかかっています。あと一歩の変化で成功体質をつくれることでしょう。

「メンタルディプレスト」は、「できるわけない」という〝否定的クオリア〟が刷り込まれてしまった状態です。**「バーンアウト」**は、その〝否定的クオリア〟がパワーや生命力を燃やし尽くす状態です。「メンタルディプレスト」になると、たとえほめられても皮肉としか受けとらなくなりますし、「バーンアウト」ともなれば、他人の言うことに対して聞く耳すら持たなくなります。

これらのタイプになると、振り子を「快」の状態に振るには、先に説明したようなショック療法しか手段はありません。繰り返しになりますが、あなたが自力で成功したいと〝思っている〟なら、「できるわけがない」「やっても意味がない」というクオリアの状態から一歩抜け出せています。ぜひ、最も高い「メンタルヴィゴラス」への階段をのぼっていっていただきたいと思います。

図3　メンタルヴィゴラス状態とは

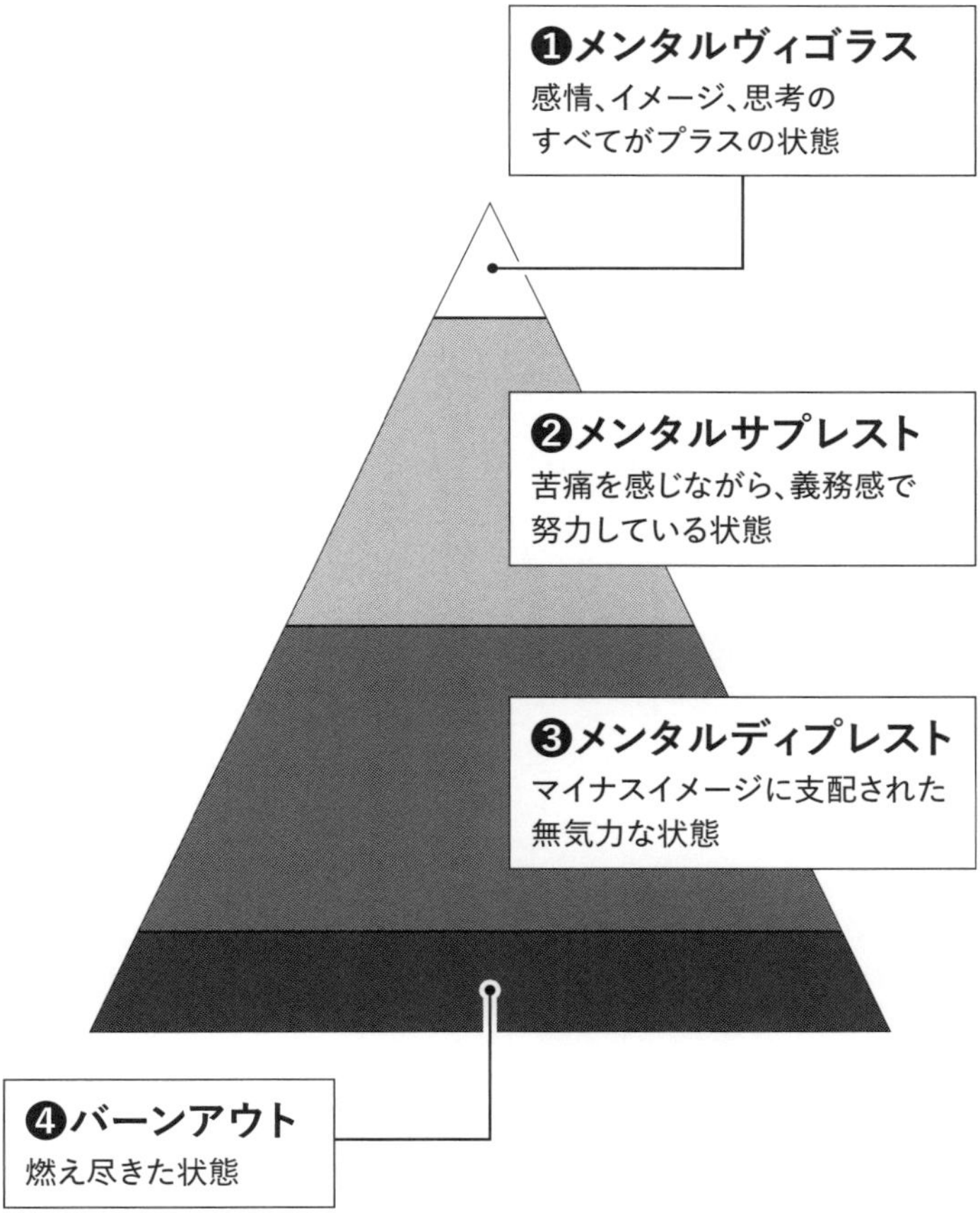
❶メンタルヴィゴラス
感情、イメージ、思考の
すべてがプラスの状態
❷メンタルサプレスト
苦痛を感じながら、義務感で
努力している状態
❸メンタルディプレスト
マイナスイメージに支配された
無気力な状態
❹バーンアウト
燃え尽きた状態

第4章

「予感力」を高める毎日の習慣

〝いい予感〟が湧き出し、
〝悪い予感〟が消える！

あなたが「いちばんやりたいこと」を考える

私の門下生の中でもとりわけ「予感力」が高い人に、居酒屋チェーン「てっぺん」を経営している大嶋啓介《おおしまけいすけ》君がいます。いまや「公開朝礼」がテレビや雑誌で話題となり、多くの支持を集めていますから、ご存じの方も多いでしょう。

彼の夢は居酒屋での成功だけに収まりません。数年前には「居酒屋甲子園《こうしえん》」というイベントを行い、全国の居酒屋から優秀な経営者の発掘を試みました。

たかが居酒屋と思うかもしれませんが、彼の野望は**「居酒屋から日本を変えるんだ」**というものです。そして、実際にこの企画を大成功に導いています。

そして、そのパワーは、ついに居酒屋というジャンルを超えます。「全国の学校の先生方を、やる気のある先生に変える」ということで、「教育甲子園」なるものを実現させようとしているのです。

居酒屋の若手経営者が、なにを大それたことを、と思うかもしれませんが、彼は「日本の教育をなんとかしなければ」と前々から考えていました。「学校の先生を変えられるのは、教育委員会じゃない。私たちだ」という意気込みです。ひょっとしたら、この調子で、彼はそのうち日本を本当に変えてしまうかもしれません。

本当に強い「予感力」を持った人とは、こういうものなのです。

その成功は、限界を知らずにどんどん拡大していきます。不可能という言葉を知らないかのように、ひとつ大きなことを成しとげたらその次、それが終わったらその次と、〝いい予感〟はとどまるところを知らないのです。本人は、人生が楽しくてしかたがないのではないでしょうか。

あなたは、これほどまでの大きな予感を持つことができると思いますか。

成功したいと考えている人の多くは目標設定の重要性を口にします。大嶋君にとっての「経営者になる」とか「教育を変える」という予感も、客観的に見れば〝目標〟にほかなりません。具体的な目標をつくることは、それを実現するために確実に必要なことです。

しかし、**「やりたいことをひとつ決める」という〝設定する〟目標と、彼の予感は違います。**「自分にはこれができる」と真剣に考えて計画することもなく、「当然できる」という予感が〝ワクワク感〟とともに湧き上がってきているのです。

人は目標を立てるときに「いまの自分」や「自分の適性」など、さまざまな情報をもとに、論理的に自分の未来予想図を構築します。しかし、そんなことをしなくても、脳にある情報は、あなたが成しとげることができ、しかも心の底から望んでいるようなワクワクするアイデアを予感として発信しているのです。

そういった**心の声に耳をすませることが「予感力」の正しい使い方です。**そして、予感に従う限り、その描いた夢は確実に実現するでしょう。

問題は、外部の声や自分をとりまく状況に惑わされず、どうしたら心の奥底から聞こえてくる予感をキャッチできるか、です。大嶋君が「自分は居酒屋の経営者だから」という固定観念に支配されてしまっていたら、決して「教育甲子園」というアイデアを思いつくことはなかったでしょう。

「こうなれたらいいなぁシート」と「こうなるシート」に書き込む

私どもでは小学生の子どもたちを指導するとき、「こうなれたらいいなぁシート」と「こうなるシート」という二つのシートを描いてもらうことにしています。それは、未来を担う子どもたちに、学校や社会の中でも歪められることのない強力な「予感力」を手にしてもらうためです。**「予感力」があれば、固定観念にとらわれず、創造力を発揮して日本を変えるような大きなことを成しとげてくれるはずです。**

先に描いてもらうのは、**図4**の「こうなれたらいいなぁシート」です。

このシートでは、とにかく夢をうんと膨らませてもらいます。だから、「アンパンマンになりたい」「ドラえもんのタケコプターで空を飛びたい」など、思い思いのことが描かれます。

「こうなれたらいいなぁシート」に描くことは、なんでもかまいません。イメージをどんどん膨らませてもらうのがこのシートの目的であり、〝できる・できない〟は考えず、思いっきりバカなことを考えてもらうのです。

そして、想像の幅を可能な限り広げたところで、**図5**の「こうなるシート」を描いてもらいます。こちらは〝具体的なものを決めましょう〟ということを子どもたちに考えてもらうものですから、多くの子どもが「医者になりたい」「おまわりさんになりたい」など、現実的な回答をします。

「こうなれたらいいなぁシート」と「こうなるシート」は必ずしも連動しなくてもかまいません。子どもたちは現実的な職業の中身を知りませんし、どんな仕事のバリエーションがあるのかも知りません。

可能な限り「こうなれたらいいなぁシート」でイメージを膨らませていくと、IRAもどんどん「快」のほうに振れ、未来に対するワクワク感や、「それを手にしたい」という願望の度合いも大きくなります。

そうして**「快」のほうに思いっきり振れた思考で、「こうなるシート」で具体的な将来像を描くと、「快」のイメージが残っていますから、将来像は本当に自分をワクワクさせる〝心から望んでいるもの〟になります。**同時に「予感力」も高まっていきますから、必ずそれが実現できるように感じるのです。

もっとも、子どもたちがこれを実践しても、実現に向けて動き出すのはまだ先の話です。その間に彼らをワクワクさせるものもどんどん変化してきます。

では、すでに社会に出て仕事をしている大人がこれをやったら、どのような成果が得られるでしょうか。

私は「アホ会」でこれに近いことを実践しています。ここでは、誰もが〝できる・できない〟の制約を超えて、「こうなれたらいいなぁ」という大きな夢を語り合います。しかも、自由な発想を制約しないために、**「メンバーの発言を絶対に否定してはいけない」**というルールも設けています。

すると、突拍子もないアイデアがどんどん生まれてきます。だからこそ「アホ会」なのです。四角四面に考えた結果として生まれる論理的なアイデアよりも、よっぽどワクワク度は高くなります。

そのように**ワクワクした思考で具体的に「こうなる」をプランニングしていくから、「アホ会」の会員たちは夢を実現できるのです。**

図4

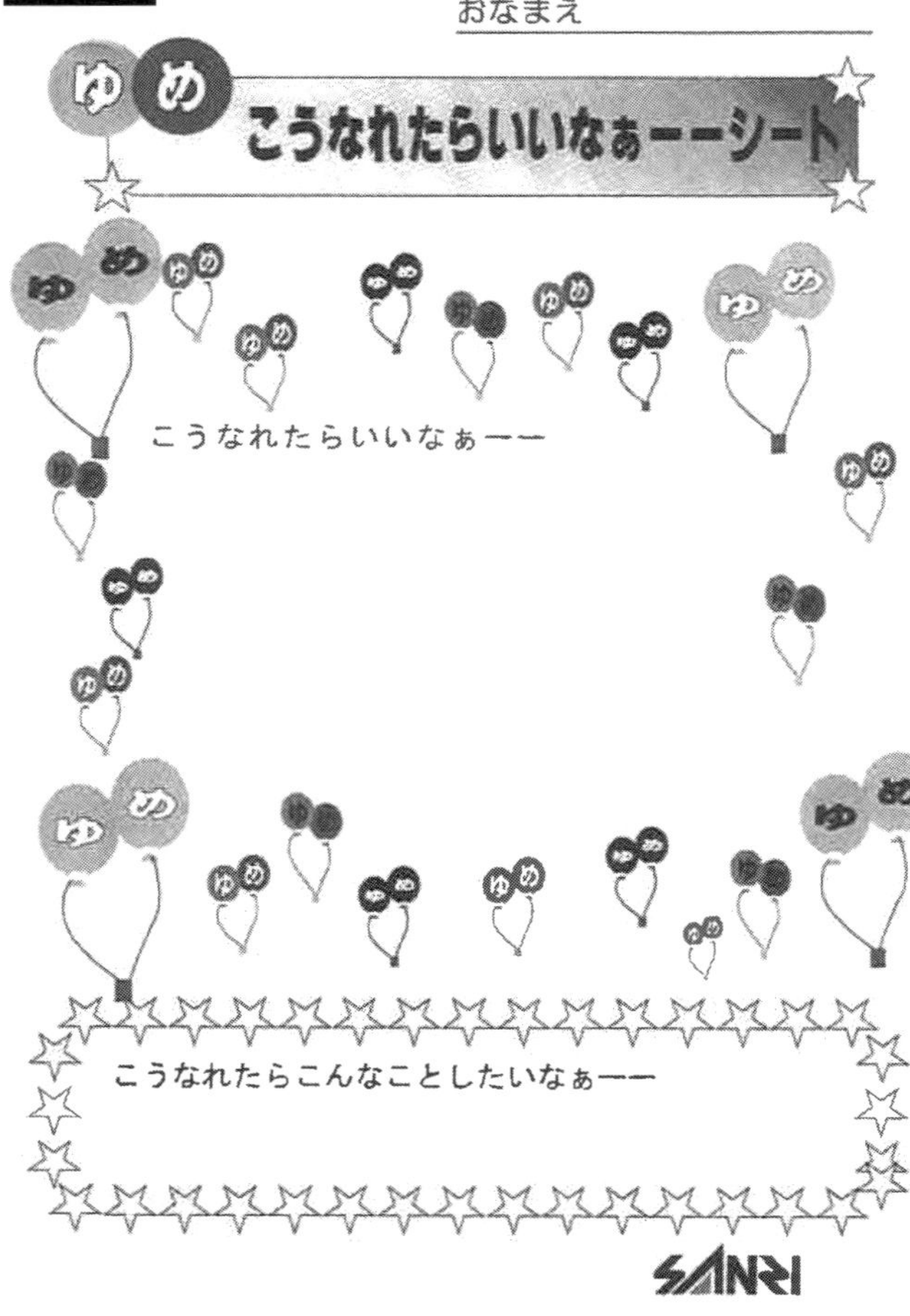

※このシートは子ども用に使われているものです

図5

※このシートは子ども用に使われているものです

「夢のような未来」を具体的に想像する

あなたも「こうなれたらいいなぁ」を子どものような感覚で描いてみることをおすすめします。**〝かなう・かなわない〟に関係なく、現実の仕事のイメージも、あなたをとりまく現実的な状況も考えず、空想だけを思いっきり飛躍させてください。**

たとえば、お金がなくても「こういう車に乗って……」と高級車を想像するのもいいですし、「別荘はハワイで、これくらいの大きさで」と想像してみてもいいでしょう。あるいは、まったくモテない人でも、「きれいな彼女がいて……」とか、「イケメンで実業家のダンナがいて……」などと想像してみるといいでしょう。

多くの人が「予感力」を低下させているのは、現実に押しつぶされて、将来への〝いい予感〟を持てないようになっているからです。

現在の年収が四百万円だとしたら、それ相応の未来を考えるのが現実的に思えます。一方で、大富豪のような生活を思い浮かべるのは妄想にすぎないと思えるでしょう。

しかし、実際は、どちらも起こっていない未来であり、大富豪が幻想であるのと同様に、

〝ありそうな未来〟もまた幻想なのです。

にもかかわらず、私たちは〝ありそうな未来〟は簡単に信じてしまうのに、〝夢のような未来〟は信じることができません。これは、現実的な思考でもなんでもなく、ただ世の中の固定観念に押さえつけられて自分の可能性を押し殺してしまっているだけのことなのです。

考えてみてください。年収を数年で倍にする人など、世の中にざらにいます。あなたとその人の差は、いったいどこにあるのでしょうか

現在のような格差社会になると、マスコミがとかく悪い情報ばかりを流し、欲をかくことが悪いことのように言われます。しかし、そうやって**「この生活でいいのだ」とあきらめてしまうことが、最も「予感力」を低下させる原因なのです。**

なかには世の中に絶望して自殺する人や、秋葉原《あきはばら》での無差別殺傷事件のように暴走してしまう人もいます。これらは第3章で紹介した「バーンアウト」が限界まできてしまった人たちです。

「バーンアウト」に陥らないためにも、一度、現実的な枠を踏み越えて、「本当に自分がなりたいもの」を脳に浮上させてみる必要があると思います。

人の運命は、「予感力」で生きるか、現実に押しつぶされるかによって左右されます。

しかし、自分が現在どんな状況であれ、**ワクワクする予感を持っている人は、必ずどん底からでも立ち直れます。**

現に、先に紹介した「てっぺん」の大嶋君も、幼いころに警官だったお父さんを亡くし、相当な苦労をしています。しかし、自分が「てっぺん」に行けば、天国のお父さんにいちばん近くから自分の成功を見届けてもらえるという「なったらいいな」のイメージが、彼の「予感力」を高めてきたのです。

成功する人、成功しない人の差は、ここにあるのです。

夢の実現に〝疑いの心〟を持たない

ワクワクする予感が脳にあっても、「いったい、どうやってそれを実現できるんだ」と疑いの目を向ける人も多いことでしょう。

しかし、〝疑い〟がある限り、「メンタルヴィゴラス」の状態にはなれません。「メンタルサプレスト」と「メンタルヴィゴラス」の境界線は、この〝疑い〟があるかないか、ということです。

あなたが信頼すべきは自分自身の脳です。

実際に「ワクワクする将来のイメージ」が脳にあれば、脳は無意識のうちに情報を分析して、さまざまな予感をあなたの意識に発信します。放っておいても、なんらかのアイデアがひらめいてきたりして、あなたが望む未来を実現させようとしてくれるはずです。

それは、より小さなレベルなら、脳の中で日常的に起こっていることです。

たとえば、主婦が夕食の材料を買いに出かけるとします。道すがら、「今日はハンバーグだ」と思いつきます。

これは、たんなる思いつきのように見えるかもしれませんが、この「今日はハンバーグだ」というひらめきも、新聞のチラシで安売りの告知がチラッと目に入っていたり、あるいはお子さんが「ハンバーグを食べたい!」と言っているのを聞いていたりした記憶に促されています。

ひらめいた当人は記憶していないでしょうが、私たちは無意識の領域で膨大な記憶情報を分析する作業を行っているのです。

記憶情報は脳細胞同士の結合がネットワークをつくることによって脳に蓄積されていきます。その結合が「**シナップス**」と呼ばれるものです。

これらのネットワークは大脳辺縁系の「**海馬**《かいば》」で管理され、新しい組み合わせを生み出すことによって、本人の〝目的〟を達成させる思考を生み出そうとします。これによって生まれるのが「ひらめき」です。

ここで、〝目的〟と言っていることに注意してください。

「今日はハンバーグだ」とひらめいた人にも、脳内にクオリアとしてすでに目的や価値観が築かれているから、そのようなひらめきが起こっているのです。〝安売りの告知〟が情報の土台になっている人なら、「出費を抑えて、できるだけ安上がりな生活をしよう」というクオリアができていますし、〝お子さんの言葉〟が土台になっている人なら、「子どもたちの希望をかなえてあげたい」というクオリアが脳にあるのです。

同じように、「あの服を買いたいな」というひらめきが起こる人には〝おしゃれになる〟というクオリアがあるのでしょうし、旅行の計画を唐突に思いつく人には〝遊びに行く〟というクオリアが存在しています。

自分をお金持ちや成功者にしてくれるアイデアも、やはり〝お金持ちになる〟とか、〝成功者になる〟という未来をクオリアとして築いている人にしか生まれてきません。

ワクワクする予感を脳に描く意味はここにあります。たんに目標を決めるだけでは、それはＩＲＡが感知するようなワクワクした情報にはなりません。自分が本心からそれを望んでいないと効果がないのです。

だからこそ、まずは**「こうなれたらいいなぁ」と自由な発想で思い浮かべることで、脳幹や大脳辺縁系を「快」のほうに大きく振ることが重要なのです。**

ひらめいたことはメモする

「自分はうまくいく」「望みは確実にかなう」というクオリアができあがれば、脳にひらめきや予感がどんどん生まれてきます。問題は、そのひらめいたことを確実に実行に移せるかどうかです。

必要不可欠なのは、そういった**インスピレーションを確実に記録しておく**ことです。「メモをとる」習慣などは、その最も基本的な手段となります。

「自分の望むことが実現する」という大きな予感がある人には、それにつながるような、「こうしたらいいんじゃないか」「これはおもしろい」という小さな予感が次々と起こります。たとえば、街を歩いていても「あれはおもしろいな」ということに気づきますし、よその会社に行っても、「これを自分の会社でやればよくなるなあ」というひらめきが起こります。

脳はつねに回転していますから、ひらめきが浮かんだ瞬間にそれを書きとめておかないと忘れてしまうのです。

経営者の中には、喫茶店のコースターに、割り箸の袋に、書くものがなかったらスマートフォンにと、なんでもかんでもメモしまくる人がいます。かのエジソンも相当のメモ魔だったそうです。

メモをとる習慣がないと、〝いい予感〟を活用することはできません。だから、街を歩いているときでも、電車に乗るときでも、**「〝いい予感〟があるぞ」とか、「新しい発見をするぞ」ということを、つねに意識しておくことです。**

そのためには、「こうなったらいいなぁ」という願望や「こうなる」という具体的目標を手帳に書いておいて、出勤前に見直してみるといいでしょう。そして、**「よし、今日は〝いい予感〟があるぞ」と確信して、いつでもメモできる態勢で出社しましょう。**そうすれば、たった一日でも、多くのひらめきがあなたの脳で引き起こされます。

ひらめきやアイデアだけでなく、人と会ったときに湧いてくる、「この人は自分にツキをもたらしてくれる」というインスピレーションも予感のひとつです。私が女性編集者との出会いから作家活動をスタートしたことは、すでに第1章で説明しました。

予感するだけでなく、それはすぐに行動に移さなければなりません。その人に積極的に連絡したり、「なにかをしよう」という具体的な計画を提案したりしてみましょう。そうすれば、「いい出会い」が確実にあなたを目標に一歩近づけてくれます。

あなたが相手から〝いい予感〟を与えられているときは、必ずあなたからも相手に〝いい予感〟を与えています。だから、積極的にアプローチしていけば、相手も賛同してくれる可能性が高いでしょう。

「予感力」が高い人は「予感力」が高い人と引き合い、「予感力」が低い人は「予感力」が低い人と引き合う法則があります。「アホ会」に「予感力」が高い人ばかりが集まるのもそのためですし、会社で愚痴を言っているだけの人たちが居酒屋に集まるのもそのためです。

行動しない者は不満を語り、行動する者は夢を語ります。それは、「予感力」がない人が不満を語り、「予感力」がある人は夢を語るのと同じです。居酒屋で愚痴を言い合う時間があったら、「予感力」を高めて「この人も予感力が高いな」と思った人と人間関係を築いていったほうがいいでしょう。これが、成功する人の「人脈力」の秘訣です。

人をほめ、自分もほめる

出会った相手に〝いい予感を抱いてもらうコツは、相手を〝ほめる〟ことです。ほめられた人が〝いい予感〟を感じるのは、相手に〝承認された〟と感じるからです。人は誰でも「承認欲求」を持っています。それが満たされることで、IRAは「快」の方向に大きく振れます。だから、**人は〝ほめられる〟ことをとおして成長するのです。**叱られて伸びる人はいません。

「メンタルディプレスト」のように、ほめられてもネガティブな解釈しかしない人であれば、先に説明したとおり、「快」のほうに振り子を大きく振るために、一度「不快」に振って、そのあとで大きくほめて「快」を植えつければいいのです。

〝ほめる〟ことが「予感力」を高めるのは、最近の職場では〝承認される場面〟が乏しいからかもしれません。成果主義によって実績に応じた給料はもらえるでしょうが、上司が部下をほめたたえるようなコミュニケーションは少なくなっています。〝ほめ合う関係〟よりも〝競い合う関係〟が強く出ているのです。

私は管理職研修で「**ピグマリオン・ミーティング**」をすすめています。これは〝参加者の長所を見つけて積極的にほめるようにする〟というものです。

「ピグマリオン」は『マイ・フェア・レディ』の原作となったバーナード・ショウの戯曲で、花売り娘がほめられることによって貴婦人に成長する物語です。

むろん、あなた自身の「予感力」も〝ほめられる〟ことによって高まります。

とはいえ、ほめてもらうことを誰かに期待しても始まりません。自分自身で自分をほめてあげることを習慣づけるといいでしょう。

一九九六年のアトランタ・オリンピックで銅メダルをとった有森裕子さんが「自分で自分をほめたいと思います」と言ったのが流行語になったことがあります。このように、**なんらかの成果を出したときに、「私は最高だ」とひとりごとのように唱えてみましょう。**

とくに成果を出していなくてもかまいません。たとえば、「今日も私は自分の予感に従って最高の一日を過ごせた。よくやった！」と寝る前に鏡に向かって唱えてみるのです。

それを本当に誰かに言われたかのように喜べれば、その喜びが「予感力」を強化します。

バカみたいなことと思われるかもしれませんが、それを実践することが大切なのです。

まわりの人に「笑顔」で接する

相手に〝いい予感〟を与えるには、「笑顔」が効果的です。挨拶を交わすだけでも、あるいはほとんど会話がなくても、**いい笑顔さえあれば、確実に〝いい予感〟を相手に与えることができます。**

これには科学的な根拠もあります。サルの脳の実験で、笑顔に対して扁桃核が反応することが判明しています。これは、笑顔によって、ＩＲＡも、クオリアも、すべてを「快」の方向に動かすことができることを示しています。

おそらくは、私たちが赤ちゃんのころから刷り込まれている先天的な反応なのでしょう。お母さんが笑顔で赤ちゃんに接するのは、ミルクをくれるとき、あやしてくれるときなど、〝快適さ〟や〝満足〟を提供するときです。だから、脳は笑顔を見た瞬間に「快」の反応を促すようにプログラミングされているのです。

笑顔にはさまざまなパターンがあります。「アハハ」と楽しいときに笑う笑顔もあれば、芸能人が写真を撮るときに見せる形式的な笑顔もあります。

なかでも、あなたに習慣づけていただきたいのは、**〝やさしさの笑顔・微笑《ほほえ》みの笑顔〟**です。

母親が子どもにミルクを与えるときも、「アハハ」と笑うわけではありません。〝やさしさの笑顔・微笑みの笑顔〟を浮かべています。

たとえ男性でも〝やさしさの笑顔・微笑みの笑顔〟を相手に向ければ、性差や年齢差があろうが、どんなに立場が上の人であろうが、外国人であろうが、母親が赤ちゃんに向けているようなプラスの感情を与えることができます。まさにマインドコントロールのように、相手に好感を持たれることができるのです。

そんな笑顔の効果をわかりやすく証明しているのが、レオナルド・ダ・ヴィンチの名画『モナ・リザ』の微笑みでしょう。

モナ・リザを嫌う人はほとんどいません。誰もが脳で「快」の反応を示すような、理想的な〝やさしさの笑顔・微笑みの笑顔〟を蓄えているからこそ、世界中から支持されているのです。

微笑むことは誰にでも可能です。誰からも好感を持たれるこの笑顔をつくりだすには、ちょっとしたコツもあります。以下の要領でやってみてください。

①大好きな異性にキスされているところをイメージする
②その状態で目を開き、口角を上げる

これだけです。キスされているイメージを描くのは、脳にドーパミンを分泌させるためです。このとき、脳では擬似的な「快」の状態がつくられます。逆に、〝キスする場面〟を思い描くと、とくに男性はいやらしい顔になってしまいますから注意してください（笑）。

もっとも、人に会うたびにキスされる場面を脳に描いていては、脳が変な状態になってしまうかもしれません。だから、**毎朝、鏡に向かって微笑むトレーニングをして、自然にその笑顔ができるように習慣づけておくとよいでしょう。**

私も以前は〝微笑む練習〟をしていましたが、習慣づけによって無意識に微笑みの笑顔ができるようになりました。おかげで、多くの人に「西田先生ってやさしい！」という印象を持っていただいています。笑顔も顔の表情筋がつくるものですから、スポーツと同じように習慣づけをすれば、いつでもその動きができるようになるのです。

笑えないときこそ笑ってみる

微笑みの笑顔の効果は、相手に好感を持たれるだけにとどまりません。

街を歩くときでもいいですし、オフィスで仕事をしているときでもいいでしょう。一人で部屋にいるときでもかまいません。**どんなときも微笑みを浮かべるようにしていると、それによってあなたの「予感力」は高まります。** それが微笑みの持つ強力なパワーです。

その理由は簡単です。人が微笑むのは、扁桃核が「快」に振れるような感情を持っているからです。逆に言えば、微笑むときは扁桃核が「快」に振れているということです。

アメリカの心理学者ウィリアム・ジェームズの有名な言葉に、「悲しいから人は泣くのではない。泣くから人は悲しくなるのだ」というものがあります。同じように、笑顔をつくれば、それによってIRAが「快」の状態をつくれるのです。それは、〝いい予感〟が脳を支配する状態と同じです。

満員電車に乗っていると、乗車している人たちは、みんな、かわいそうなくらいに不機嫌に見えます。これでは通勤中に楽しい予感が生まれるわけがありません。

楽しくなくてもいいから、微笑んでみましょう。あまりニコニコしていたら気持ち悪いかもしれませんが、**ゆとりのある表情をしていれば、だんだんウソがウソでなくなり、なにか楽しいことが起こりそうな気分になってくるはずです。**

そうすれば、電車の中吊《なかづ》り広告を見ておもしろいアイデアがひらめいたり、まわりの会話の中から仕事のヒントを得たりすることもあるでしょう。ひょっとしたら、電車の中で素晴らしい出会いがあるかもしれません。

暑い日も寒い日も雨の日も、街を歩くときも微笑む。一人で寂しいときも微笑む。そうすれば、つらい時間も、イライラする時間も、寂しい時間も、すべてなにかが起こりそうな楽しい時間に変わっていきます。こうした微笑みの習慣が、あなた自身の素晴らしい予感をつくるのです。そして、おもしろいことを思いつく可能性も増えるでしょう。

むしろ**笑えないような状況に立ったときこそ、あなた自身の「予感力」を鍛えるトレーニングのチャンス**だと思います。私は不愉快な気分になったとき、「これはマズイな」と判断して、キスされる場面を思い出して微笑んでいます(笑)。

そんなふうに自分で自分を戒めながら微笑むことを、ぜひ習慣づけてください。

「うまくいっているときのイメージ」を持ち続ける

一流のスポーツ選手は、〝自分がいちばんうまくいっているとき〟のイメージをつねに持っているものです。たとえば、ゴルフのタイガー・ウッズはつねに本来のパーより低いところに基準を持っていますし、イチローもつねにヒットを打つときのフォームをイメージしていました。だから、いつも予感どおりの結果が出せるのでしょう。

ビジネスでも同じで、たとえば**お金をガンガン稼ぐ人は、百万円を一般の人の十万円くらいに思っています。**だから、平気で大金を投資することもできますし、一般の人の十倍稼ぐことができるのです。

かつて私が門下生たちと銀座《ぎんざ》のクラブに行ったとき、その中の一人の成功者が「今日はボクが出します」と言って、百二十万円をポンと支払いました。こういう感覚だからこそ、お金がどんどん回っていくのだと思います。

もちろん、一般の人に同じことをやれとは言いません。ただ、自分が「予感力」の高い人であり、つねに微笑みを絶やさずに、思いついたことを実現させて、いつまでもツキ続ける人であるという自分自身のイメージを、つねに脳に思い描いていただきたいのです。

それが現実であるかどうかなど関係ありません。脳に「快」のイメージがあれば、脳はその状態に自分自身を忠実に導いてくれます。つまり、いいイメージさえ持っていれば、ふと気づいたときに、あなたはそのとおりの人になっているのです。

イメージの力は、実際にその人の行動や体までも変えていきます。

それを象徴しているのがダイエットです。挑戦したことがある方はわかるかもしれませんが、多くの場合、せっかくやせてもすぐにリバウンドしてしまったり、運動をしてもなかなか体重が減らなかったりします。

一方で、ボクサーは試合の前になればきちんと減量しますし、ボディビルダーはずっと肉体美を保ち続けます。なぜ、それが可能なのでしょうか。

これも「予感力」なのです。

私はかつて雑誌『アイアンマン』（フィットネススポーツ）に原稿を書いていたときに間近で見ていたのですが、ボディビルダーは体中の筋肉の構造を知り尽くし、どこの筋肉をどういう状態にしたいかを、つねにイメージしながらトレーニングしています。だから、目標の期限までに、確実にそのとおりの体になっているのです。

一般の人でも、たとえば男性がフィットネスクラブに行って運動を続けると、簡単に大胸筋がつきます。なぜなら、〝たくましい胸〟は誰もが簡単にイメージできるからです。

ところが、ほかの筋肉についてはなかなかイメージが湧きません。体中をイメージできれば、お腹を引っ込めるのも、脚を細くするのも難しくありません。すべては運動量でなく、「予感力」が決めるのです。

〝自分のいちばんいい状態を描く〟のも、これと同じことです。

人は誰でも「快」のときもあれば、「不快」のときもあります。ベクトルが「快」のほうに行けば、いい状態の自分を思い描くのは簡単ですが、ひとたびイヤなことがあれば、どんどん最悪のイメージを思い浮かべてしまいます。

悪いことでも、イメージしてしまえば、そのとおりの結果になります。だから、自分の**「快」の状態を脳にしっかり刻み込み、どんなときも、そのときの思考や体の状態をイメージしながら毎日を過ごすことが大切でしょう。**

物事をすべて簡単に考える

悪いイメージも、いいイメージも、それをつくる最も大きな要因は「言葉」です。「そんなこと、できるはずないですよ」と言った本人は、それを言った瞬間に、それを〝正しい〟と考える。〝正しい〟から「そんなことをやる」理由はなくなる。これが「思考停止」のメカニズムです。

だから、「不可能だ」と言った瞬間に不可能になりますし、「無理だ」と言った瞬間に成しとげられなくなります。

言葉による呪縛は恐ろしいもので、「世の中はそんなに甘くない」と言う人には厳しい現実ばかりが待っていることになります。あるいは、「お金はなかなか貯まるもんじゃない」と言う人は、一生、個人資産を増やすことはできません。

言葉に出したことによって、人は事実を規定してしまうのです。

どうすれば思考停止を止めることができるでしょうか。

〝言葉に出さないこと〟がなによりいちばんですが、そのためには**〝マイナスの現状〟だ**

けでなく、〝プラスの現状〟も正しく認識しなければなりません。

たとえば、「世の中はそんなに甘くない」と聞けば、もっともらしく思えます。でも、現実を見てください。甘く生きていてもうまくいっている人が、世間にはゴロゴロいるのではないでしょうか。

「お金はなかなか貯まるもんじゃない」と言いながらも、現実にお金を貯めている人もいます。「不景気で儲からない」と言いながら、しっかり儲けを出している経営者もいます。そして、そういう結果を出している人は、圧倒的なカリスマだけでなく、〝ごく普通の人〟であることがほとんどなのです。

おもしろい話ですが、「アホ会」の会員には作家デビューした人がたくさんいます。それは、才能があったからでも、優れた文章力を持っていたからでもありません。入会する前は、「自分が本を書くなんて無理に決まっている」と考えていた人ばかりです。なのに、なぜ本を書けるようになったのでしょうか。

私を含め、「アホ会」には、すでに本を出版している人が大勢います。そういう人たちに接すると、**「なんだ、本を書く人って、そんなに並外れてすごいわけじゃないじゃん！」**と感じます。その瞬間に、「自分が本を書くなんて無理だ」という思考停止が解け、「自分にもできる」という〝いい予感〟に変わるのです。

このように、**現実をありのままに見れば、あらゆることが難しくなくなり、自分の脳にあるイメージが結果を左右していることがわかります。**その予感を変えれば、あなたも変わります。

あらゆることは、もっとシンプルに考えていいのです。

●「マイナス言葉」を使わない

誰しも「うまくいかないんじゃないか」とか、「ダメなんじゃないか」という否定的感情が頭をよぎることがあります。

「予感力」が高い人になると、こういった否定的感情が生まれない脳の構造になります。しかし、これは天才レベルの話で、私たち凡人がそこまでのレベルに達することはなかなか難しいでしょう。

頻繁に頭をよぎる否定的感情を「フラッシュバック」といいます。これは何度も脳で反復され、そのたびに大脳辺縁系や脳幹のイメージを傷つけていきます。

たとえば、いったん上司を「イヤなやつだ」と思うようになると、摩擦が生じるたびに「上司がイヤだ」というクオリアを強化していきます。こうして会社に行きにくくなったり、それが悪化すると出社拒否をしたり、うつになったりすることもあるのです。

「メンタルヴィゴラス」状態の脳がいつしか「メンタルサブレスト」となり、それが「メンタルディプレスト」や「バーンアウト」に転落していくのもフラッシュバックの影響です。せっかく〝いい予感〟を脳に描いたのに、思うようにいかない状態になると、何度もフラッシュバックを起こし、脳の予感をネガティブなものにしていきます。

フラッシュバックの悪循環を断ち切るにはどうすればいいのでしょうか。

それには**「クリアランス」**と私が呼んでいる方法が有効です。

フラッシュバックのような否定的感情は三つの行動によって連鎖されます。それは「持つ」「言う」「考える」の三段階で、①イヤなことを「イヤ」と思う。②それを「うまくいかないな」などと口に出してしまう。③〝うまくいかないこと〟が脳を支配し、クオリアが不快な思いで満たされていく、という構造になります。

「クリアランス」の方法は二つあります。ひとつは、**〝イヤなこと〟に直面したら、二段階目の「言う」の段階で止めてしまうこと**です。

マイナス思考を引き出す言葉の代表的なものは、「不満」「愚痴」「悪口」の三つです。まずはそういった言葉を言わないようにしましょう。

ところが、問題はそれほど簡単ではありません。たとえば、「今日も残業だよ。大変だよなあ」と「不満」を言えば、「予感力」は確実に低下します。だから、この言葉を「今日も残業だ。頑張るぞ！」というポジティブな言い方に変えたとしましょう。しかし、

〝頑張る〟ことは苦痛を受け入れることに等しいですから、「イヤなことが起こっている」というイメージが増幅し、やはりフラッシュバックが起こってしまいます。

それなら、「残業」という言葉自体を使わないようにすればいいでしょう。「フィニッシュ」とか、「仕上げ」という言葉に言い換えてしまうのです。

「今日も残業だ。頑張るぞ！」という言葉を、「いまから一日の仕上げだ、フィニッシュしてしまうか」と変えてみましょう。ここには〝しかたない〟とか〝苦痛を乗り越える〟といった要素がありません。脳にある肯定的感情が傷つかずにすむのです。

スポーツの指導では、「練習」という言葉を「追求」や「向上」という言い方に換えます。「練習」という言い方をすると、どうしても「いまの自分はレベルが低い」というマイナスイメージを引き起こしますので、「いまの自分は一流だが、よりいっそうの成長が期待できる」というイメージを持った言葉に置き換えるのです。

もうひとつは、**否定的なことを考え始めたら、「これはナシ」「もう忘れた」と切り離して考えること**です。

言葉を口に出してもいいのですが、私は〝指をパチンと鳴らす〟というアクションで代用しています。ガッツポーズをしたり、Vサインを出したり、微笑んでみたりすることで、

〝いい予感〟をもう一度思い出すようにするのです。

これを繰り返していると、動作と思考が連動して、アクションのたびに瞬時に「クリアランス」ができるようになります。脳と体は連動していますので、アクションを習慣づければ、脳でも肯定的な考え方が習慣づけられるのです。

さらに、不満を口にしてしまったら、「**イエス・バット法**」を使います。これは、不満を言ったあと、反射的に「でも……」と接続詞を補う習慣をつくることです。

「あの上司は、まったく部下の言うことを聞いてくれない」

と言ったら、すぐに「でも」で続きを補う。

「でも、あの上司を動かすようなアイデアができたらおもしろいだろうな」

これでフラッシュバックを〝いい予感〟に変えるのです。

以上の二つの方法より効果的な方法があります。それは、①の段階で止めてしまうこと、つまり、そもそも**否定的感情を起こさないこと**です。

難しいことのように思えますが、それは習慣づくりによって可能になります。第5章ではそのノウハウを紹介します。キーワードは「感謝」と「愛情」です。

第 5 章

「予感力」がさらに高まる〝最強思考〟

「ツイている人」は、ここをいちばん大切にしている！

●「上昇志向」より強力な考え方が見つかった！

成長していく人の思考は、次のような五つのランクに分類できます。

①最強思考型……最強の「予感力」を持って大業を成しとげるタイプ
②上昇思考型……上を目指し続けて成功していくタイプ
③成り行き思考型……環境に順応してうまくやっていくタイプ
④あきらめ思考型……ネガティブで目標意識がなかなか持てないタイプ
⑤投げやり思考型……まったくやる気のないタイプ

図6で全体の割合も紹介していますが、一般的に成功者といわれるタイプは、①と②のタイプに属する人たちです。

⑤は第3章で説明した「バーンアウト」の状態にある人たちで、なかなか自発的に能力開発の研修に来ることは少ないです。圧倒的に多いのは③の「成り行き思考型」と④

図6　5つの思考タイプ

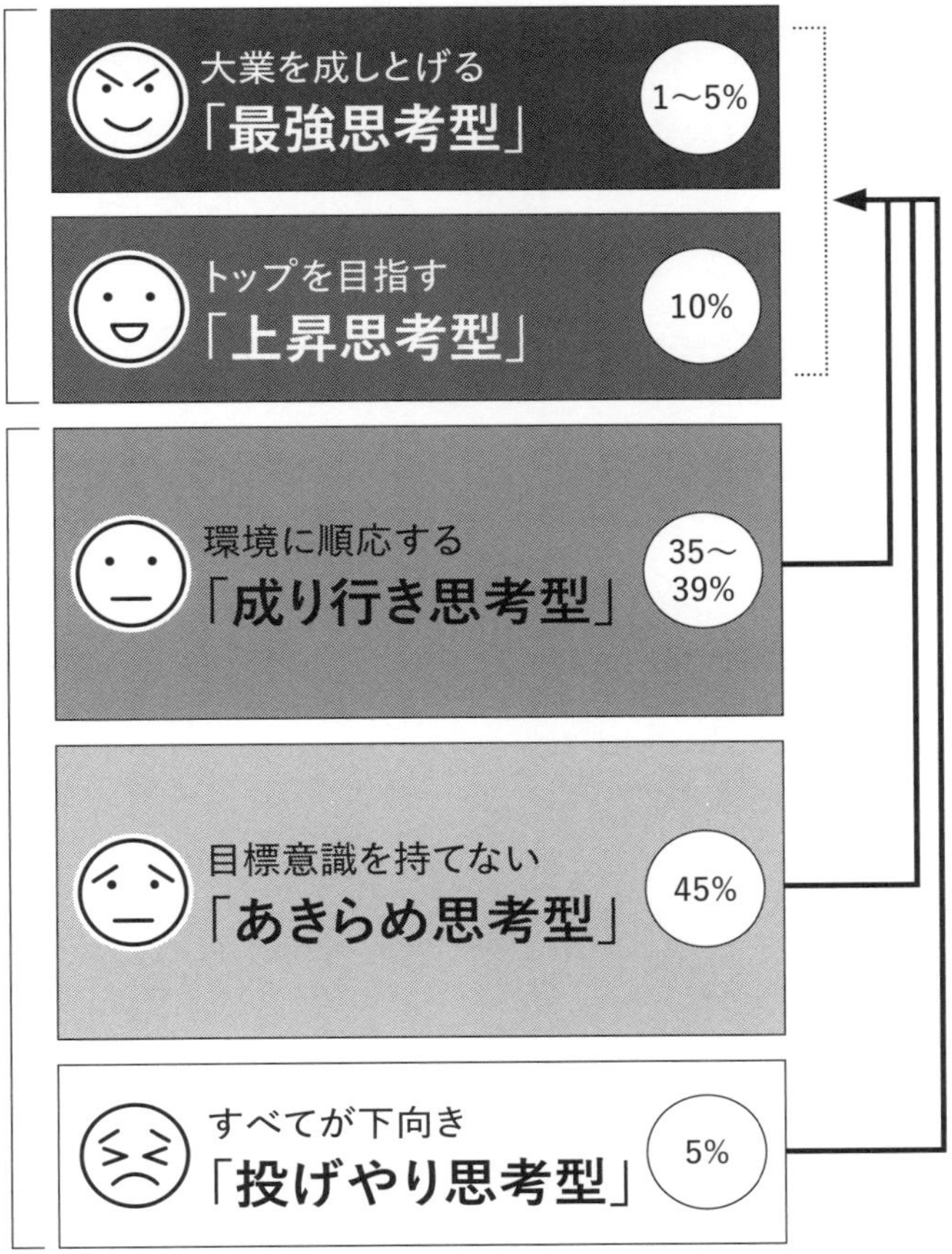
成功者となる人
大業を成しとげる
「最強思考型」
1〜5%
トップを目指す
「上昇思考型」
10%
自己啓発が必要な人
環境に順応する
「成り行き思考型」
35〜39%
目標意識を持てない
「あきらめ思考型」
45%
すべてが下向き
「投げやり思考型」
5%

の「あきらめ思考型」の人たちですが、そういう人たちを②より上の状態にしていくのをテーマに掲げている能力開発セミナーはたくさんあります。

しかし、**私が目指すのは、①の「最強思考型」です。**

「最強思考型」の成功者と「上昇志向型」の成功者には決定的な差があります。

それは、「上昇志向型」の成功者になっても、必ずしも満足した人生を送れるとは限らないということです。もっと言えば、幸福になれるとは限らないのです。

私の知っている人に、一代で財を成した人物がいました。彼が亡くなる前に病院にお見舞いに行ったところ、病院には誰一人として見舞客が来ていませんでした。奥さんやお子さんが訪れている気配もありません。聞いた話では、死ぬのを待っている状態だったようです。いくら成功しても、それではあまりにむなしい人生ではないでしょうか。

彼は「上昇志向型」の成功者でしたが、決して「最強思考」の持ち主ではなかったようです。どこに欠点があったかといえば、その「予感力」の中に、明らかに「感謝」と「愛情」が欠けていたということです。むなしい人生を送らないためにも、**「予感力」を鍛えるうえで、「感謝」と「愛情」を軸にすることは非常に大事なのです。**

成功を決定づける「二種類の幸せ」とは？

人の「幸せ」には二種類があります。ひとつは〝自分が幸せになる〟こと。もうひとつは〝他人を幸せにする〟ことです。

多くの人の目標は、やはり〝自分が幸せになる〟ことです。だから、成功者となり、社会的なステータスを得たり、収入を多くしたりすることを願います。

ところが、〝自分が幸せになる〟には限界がありません。百万円を手にした人は一千万円を望むようになり、一千万円を手にした人は一億円を望むようになります。幸福感は目の前のものをつかんだとたんに麻痺《まひ》します。

そうなると、どこまで行っても人は幸福にはなれません。つまり、「こっちと比較したら、こっちのほうが幸せ」という限りなく続く連鎖を超え、脳に「自分はいまの状態が幸せであり、その幸せをますます拡大させていく」というクオリアをつくらなければ、〝本当に幸せな成功者〟にはなれないのです。**〝自分が幸せになる〟ではなく、〝他人を幸せにする〟というクオリアを脳にインプットすれば、ＩＲＡにワクワクする予感が生まれます。**

経営者には、「この会社を大きくしたい」というモチベーションで動く人と、「社員を幸せにしよう」というモチベーションで動く人の、二とおりのタイプがいます。

「この会社を大きくしたい」経営者は、会社は大きくなっても社員が定着しません。創業期からいる社員は一人もいなくなり、「大変そうだなあ」という雰囲気があります。実際に社長自身がいつも大変そうにしています。成功している現状をもっと楽しめばいいと思うのですが、せっぱ詰まっているようで、かわいそうになります。

一方で、社員を本当に大切にしている会社もあります。その会社はあまり大きくないのですが、つねに新しいアイデアを打ち出していて、とても魅力的な会社に見えます。社員はみんな楽しんでいるように見え、ボトムアップでどんどん優秀な社員が現れます。気の合う仲間が退職せずに定着しているから、お互いに信頼し合って会社を支えているのでしょう。社長自身も仕事を楽しんでいるように見えます。

人は一人では生きていけません。「社会的ネットワーク指数」という指標があり、これが低下すると、人は行動する意欲を喪失します。だから、**「成功する」という予感には、〝他人のためになにができるか〟というイメージが必要なのです。**それが究極的なワクワク感となって「予感力」を飛躍的に高めてくれます。

先に紹介した女子ソフトボール日本代表は、「子どもたちに〝ソフトボールをやっていてよかった〟と思ってもらうこと」が目標であり、〝他人のため〟を意識した強いモチベーションがあったからこそ、金メダルをとることができました。

第4章で紹介した「てっぺん」の大嶋君も、「子どもたちに夢を与える」という〝他のため〟のビジョンを持っています。だからこそ、そのアイデアは飲食事業を超え、多くの人たちに影響を与え続けているのです。

経営者でも、成功のレベルが高くなると、お金を稼いで会社を大きくすることより〝他人のためになにができるか〟と考え出す人が多くいるものです。事実、財団をつくったり、慈善事業を始めたり、なかには仏門に入る人までいます。

これらも自分の欲望や夢を大きくする「予感力」の行き着く先なのです。

アメリカの心理学者アブラハム・マズローは、人間の欲望を「生理的欲求」「安全の欲求」「親和の欲求」「自我の欲求」「自己実現の欲求」の五段階でとらえましたが、これは間違いだと思います。本当は六つ目があって、それが**「無欲」「世のため人のため」など**の**「他人のための欲求」**なのです。

●身近な人を大事にする心が〝いい予感〟をつくる

「世のため人のため」と考えるのもいいのですが、それより前に考えておきたいのが、最も身近な人たちのことです。あなたが成功したとき、心から喜んでくれる人はいるでしょうか。

「そんな人はいない」と考える人は、クオリアが脳につくっているイメージや、日々感じる予感の中に**「愛する人と成功を喜び合える」**というイメージがありません。

予感がそうである以上、未来もそうなる可能性は低くありません。成功者たちが離婚する確率が高いのも、そういう予感を持っていないからでしょう。

だからといって、「成功するのに愛などは邪魔」と思ったら大間違いです。愛する対象があるかないかは、私たちの扁桃核に確実に作用しています。

配偶者を失った男性の血液を調べると、免疫細胞が急速に衰えて、きわめて病気に弱い状態になっていることが多くなります。これは喪失感によって扁桃核が「不快」に大きく振れたことによる過大なストレスが体を弱体化させることで起こります。

女性の場合は、夫を失っても体に影響が出ることは少なくなります。それは、生物学的に、女性は夫より子どもに強い愛情を注ぐ傾向があるからです。

実際に好きな人ができたときに、やる気満々になり、なんでもできそうな気になった人は多いと思います。たとえ思いがかなわなくても、仕事で大きな成果を出したり、勉強やスポーツで力を発揮できたりすることもあります。

人を好きになると、扁桃核が「快」に振れるだけでなく、それを補強するように、脳ではβ《ベータ》－エンドルフィンやドーパミンなどのホルモンが分泌されます。

これらのホルモンには心を快適にする作用があり、その効果が活力となって、人の行動に影響するのです。「予感力」も高まるはずです。

しかし、そういう話をすると、必ず「自分はパートナーに恵まれていないから」とか、「まだ伴侶はおろか、恋人すらいないいんですよ」と反論する人がいます。

ここで取り上げている愛情は、男女関係に限ったものではありません。ウォルト・ディズニーの成功は兄弟とともにありましたし、宮沢賢治《みやざわけんじ》は妹に絶対的な愛情を持っていました。子どもを心の支えにした人も大勢いると思います。親友でもおばあちゃんでも師匠でも、愛する人は誰でもいいのです。

心の支えになる人を「**サポーターイマージュリー**」といいます。この「サポーターイマージュリー」にとって重要なのは、〝自分がその人を心の支えとして思い込めるか〟ということだけです。

つまり、誰を自分の支えにするかは、あなた自身の問題です。相手にその意思があるかどうかは関係ありません。

亡くなった方でもいいですし、片思いの相手でもいいでしょう。〝相手がそう思ってくれるかどうかは、あなたの脳にある予感にとっては〝どうでもいいこと〟です。**〝自分の予感をサポートしてくれる人〟を脳にしっかり意識することが重要なのです。**

「予感力」の強さは〝母親への愛情〟の強さに比例する

「支えになる人は誰でもいい」と言いましたが、誰もがいちばん重要と考えるのは、間違いなく両親です。とくに〝母親〟の姿は脳にしっかりイメージとして持ってください。

誰もが生まれてから物心がつくまで、いちばん身近に接している存在は母親です。そして、**大人になるまでに母親からどのような刷り込みを受けたかが、その人の持つ「予感力」に大きくかかわってきます。**

「お前はダメだ」と言われ続けた人は「予感力」が低くなり、逆に「お前を信じているよ」と言われ続けた人は自分を信じるという「予感力」が強くなります。あなたが母親、もしくはこれから母親になる方なら、お子さんに対する態度に注意してください。

母親が子どもにどういう影響を与えたにせよ、多くの人の場合は、扁桃核の愛情部分の根幹には母親の姿があります。それは〝生んでもらった人〟なのだから当然のことです。

現在の関係がどうなっていても、〝母親への愛情〟がしっかり確立している人は、その他の人への愛情もきちんと持っているケースが多いのです。

成功者を見ていると、マザコンとまでは言いませんが、母親を非常に大切にしている人がたくさんいます。一方で、最近のニートの人たちを見ていると、「母親を幸せにする」という思いに欠けているような気がします。

もっとも、それには家庭内教育の欠如も影響しているのでしょう。最近は子どもを持っていても〝自分が最優先〟という親が多いですから、子どもの中で親の愛情が占めるポジションが低下しています。

かつて死地に赴いて行った若い特攻隊員には、最後に母親に向けた遺書を書く者が多かったものです。いまの若者が死を覚悟したとき、どれだけの人が母親のことを顧みるでしょうか。

「予感力」を高めるためには、「母親」という存在を大切に考えていくことを習慣づけてください。

いま、母親とともに生活しているなら、日々やさしく接していけばいいですし、遠くにいるなら、たまに顔を見せてあげたり、連絡してみたりするのもいいでしょう。存命でなくても、ときどき思い出してお墓参りをするのもいいでしょう。

母親を大事にしなければならないのには、二つの理由があります。

ひとつは、**母親の愛情が無条件であり、それを受け入れることによって、あなたも「無条件の愛情」を人に与えられるようになる**からです。

それによって、あなたのクオリアの中に〝他人を幸福にする〟ことへの意欲をつくることができます。当然、〝他人を幸福にする〟には、あなた自身がそれなりに成功している必要があります。

もうひとつは、**母親を無条件で大切にできるということは、すなわち〝生まれてきたこと自体に感謝できる〟ということに通じる**からです。それは、自分の存在を絶対的に肯定できるということです。

心の奥底に「生んでくれてありがとう」「お母さんありがとう」という意識があれば、誰でも幸せな成功者になれます。他人に「感謝する」ことで強力な「予感力」を手にすることができるからです。

そして、**〝生まれてきたこと自体に感謝できる〟人は、身のまわりで起こるあらゆることに感謝できます。感謝できる人は、すべての現象に対して「ツイている」と思うことができます。**だから、ツイてツイて、ツキまくる人になれるのです。

〝感謝の心〟は究極のプラス思考である！

〝感謝〟というのは究極のプラス思考です。

たとえば、入った会社に感謝できる人は、その会社で成功できますし、仲間たちに感謝できる人は、その仲間たちに支えられて成功できます。もっと言えば、お金に感謝できる人はお金持ちになりますし、出会いに感謝できる人はいい出会いに恵まれます。自分の体に感謝できる人は健康な人生を送れるでしょう。

これらは当たり前のことです。**「感謝している」ということは、それだけ感謝している対象に対して〝いい予感〟を持っていることになります。**当然ながら、いいイメージが次々と浮かぶし、ひらめきやインスピレーションも湧くようになるのです。

私が知っているとある人物は、財布からお札を出すときに、必ず「ありがとう」と心の中で声をかけるようにしていました。その習慣を二十年以上も続けた結果、いまや多くの企業を傘下に置く企業グループの総帥になりました。

〝なにかをしてもらったこと〟に感謝することなら誰にでもできます。問題は、親しい人の愛情とか、いつものように回っている毎日とか、日々暮らせている状況のような〝当たり前のこと〟に感謝できているかどうかです。

現在の自分の生活がどうであれ、〝感謝して生活する〟ことができていれば、その人は間違いなく〝いい予感〟を持って生きていることになります。何年かしたら本当に幸運をゲットし、望んでいたとおりの成功をつかむことは十分にありうるでしょう。

ところが、まったく同じような現状であっても、「現在が不満でたまらない」という人もいます。当然、この人はＩＲＡが「不快」に振れているわけですから、ワクワクするような予感も湧き上がってきません。したがって、いつまでたっても不満を抱え続ける毎日を余儀なくされてしまうのです。

通常の人は、〝感謝している状態〟と〝感謝のない状態〟を行ったり来たりしているのだろうと思います。この点、たとえば宗教を持っている人たちは、根底に〝神さまに感謝する心〟が根づいているぶん、「予感力」が高くなっています。

かつての日本人には、特定の宗教はないものの、天地や自然に感謝する心が存在していました。たとえば、「お天道《てんと》さまが見ている」という言葉があります。そういうクオリアを持っていると、「正しい生き方をしなければいけない」とか、「道をそれてはいけない」

ということが無意識に選択されます。

「神さまが助けてくれる」という予感があれば、自分がうまくいくことを決して疑わなくなるでしょう。ＩＲＡの振り子がマイナス方向に振れることもなくなりますから、確実に目標に向かって歩んでいけるのです。

とはいえ、必ずしも「神さまを信じよ」ということではありません。要は現状も含め、自分自身をとりまく環境を絶対肯定できるようなシステムを築き上げればいいのです。

そこで提唱したいのが、感謝のパワーをふんだんに使う「十方思考」という考え方です。

感謝のパワーを高める「十方思考」

誰しも「ありがとう」と心から感謝できる相手もいれば、「イヤなやつ！」とネガティブな感情を抱く相手もいると思います。

たとえば、〝生んでくれた親〟といえば、たいていの人は「そうだよな。感謝しなくちゃな」と納得してくれるでしょう。でも、〝かつて勤めていた会社の上司〟といえば、「だって、あの人のおかげで散々な目にあったんですよ！」と反論したくなる人もいるはずです。人には感情があるから、そう考えてしまうのはしかたがないかもしれません。

このように、「感謝」と「不満」に左右されるときのＩＲＡのメカニズムについて考えてみましょう。

「感謝」の感情があるときは、ＩＲＡは「快」の方向に振れます。そのときは〝いい予感〟も生まれやすくなっています。

しかし、「不満」の感情を持つたびに振り子は「不快」のほうに戻されます。そして、フラッシュバックによって振り戻されていくたびにＩＲＡは傷つけられていきます。上司に不満を持っている人であれば、会社に行って顔を見るたびに「不快」な反応が強くなっていきます。当然、予感もネガティブなものになっていくでしょう。

ＩＲＡやクオリアの土台部分である扁桃核は、そもそも〝どんな相手にその感情を持ったか〟は関係ありません。そこにあるのは、自分自身が「快」に振れているか、「不快」に振れているかのどちらかだけです。

つまり、他人に「不快」の反応を持つたびに、ほかのどんな目標や行動に対しても、あなたの予感は「不快」のほうに振れていくのです。ほんの少数の「イヤなやつ」に気をとられるだけで、あなたは願望を実現しにくい状況に陥ってしまいます。

それを防ぐために効果的なのが「十方思考」です。

図7を見てください。自分を中心に「両親」「家族」「祖父母、先祖」「親戚、血縁」「お世話になった師」「友人、知人、地縁」「天」「地」「日本（天皇）、国、故郷」「宇宙、地球、宗教」という十のマスをつくり、それぞれに対して〝感謝の思い〟を記入します。このように、自分をとりまく人たちを十に分類し、それぞれに対して〝どんなことに感謝できるか〟をまとめていくのです。

マスに記入するのは〝感謝の言葉〟です。「両親」「家族」「祖父母、先祖」「親戚、血

図7 「十方思考」の考え方

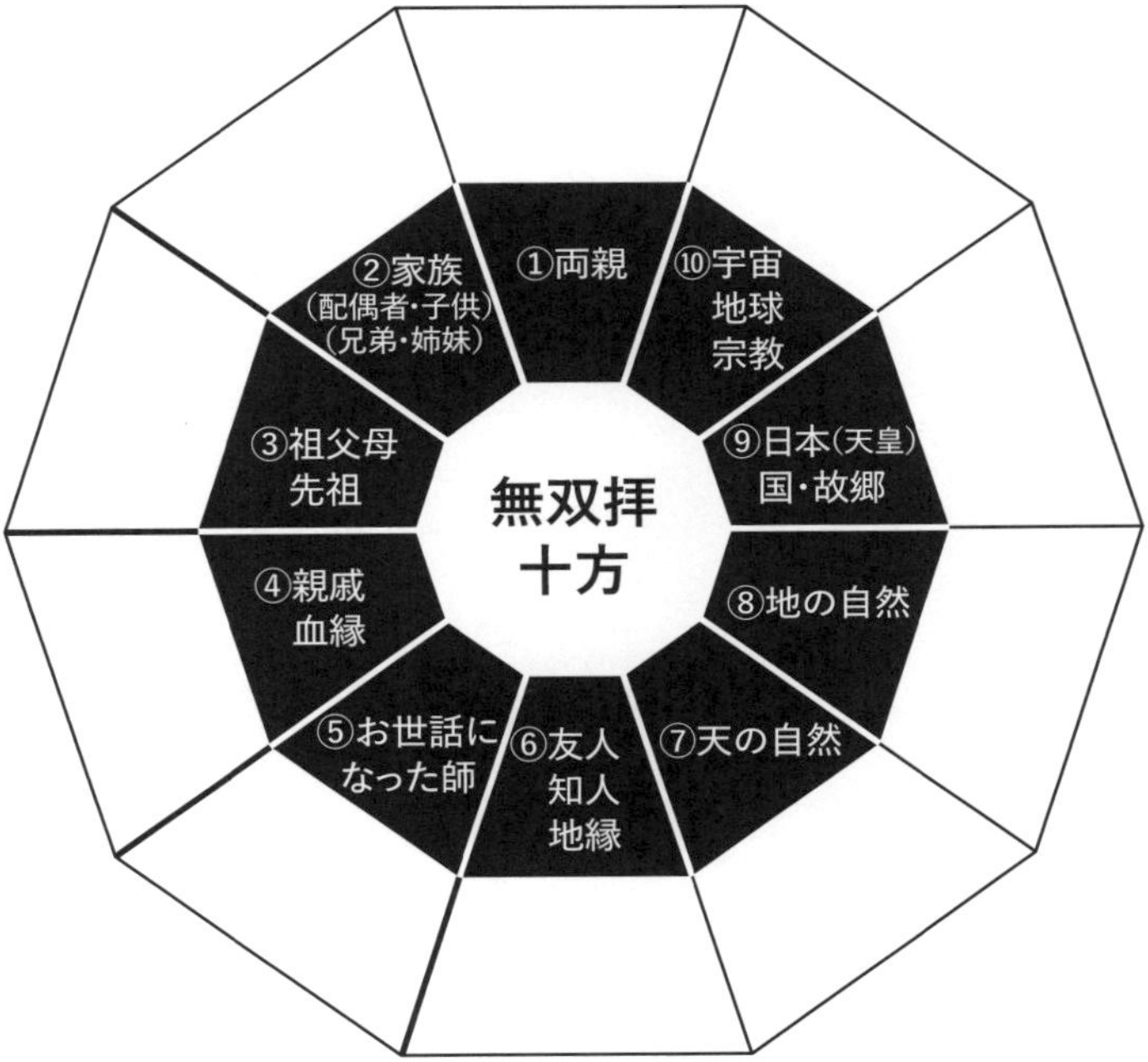

①～④＝血縁、⑤～⑥＝地縁、⑦～⑩＝自然と環境
……に感謝

縁」に対してなら、記入する言葉は簡単に思いつくでしょう。しかし、「お世話になった師」に対する感謝の言葉を考えるのは難しいかもしれません。

それでも、「感謝できることなどない」と考えると、「十方思考」の効果は半減します。必ず感謝できることを発見し、それを記入し、感謝の気持ちを思い起こしてみましょう。そのように、あらゆる人間関係に感謝できる「快」のクオリアをつくっていくことが重要なのです。

図への記入が終わったら、**毎日眺めて「不快」が脳に押し寄せてくる前に感謝の気持ちを確認することが必要です。**デスクの前など、目につくところに貼っておけば、さらに効果的でしょう。

「ツイている人」になる確実な方法

図8をごらんください。「十方拝」のそれぞれに感謝すべきものは次のとおりです。

東に向かい……両親を拝む
西に向かい……家族（配偶者、子ども）を拝む
南に向かい……祖父母、先祖を拝む
北に向かい……親戚を拝む
北東に向かい……お世話になった師を拝む
北西に向かい……友人、知人を拝む
南東に向かい……日本（天皇）、国、故郷を拝む
南西に向かい……宇宙、地球、信仰している宗教を拝む
上に向かい……天（天空）の自然を拝む
下に向かい……地（大地）の自然を拝む

ここで注目すべきは、「天」と「地」といった大自然に対する感謝までが含まれていることです。自分をとりまく宇宙全体に感謝できるということは、自分の存在自体に「ありがとう」と思えること。つまり、自分自身の絶対的な肯定につながるのです。

自分の存在自体に感謝できる人にとっては、イヤな上司や意地悪なお客さんなどたいした問題ではありません。それは、生きていくうえで遭遇した些細《ささい》な困難にすぎません。それを乗り越えて成長するチャンスを与えられたのだと思って、困難にさえも感謝して目の前のことに挑んでいけばいいと思います。

この「十方拝」は、十の方向に向かって「ありがとう」と言って感謝する習慣です。毎朝、あなたは十の方向に向かって、それぞれへの感謝を込めて、「ありがとう」を声に出して言ってみてください。

家族がいない人は「南に向かってご先祖に、東に向かって両親に感謝」すればいいし、ビジネスマンであれば、「北東に向かってお世話になった師に、北西に向かって友人、知人に感謝」してもいいでしょう。

実際に口に出して「ありがとう」と言うことで、あなたの脳は感謝の感情を生み出します。それを毎日続ければ、あなたの「予感力」は飛躍的に高まるはずです。

図8 「十方拝」の考え方

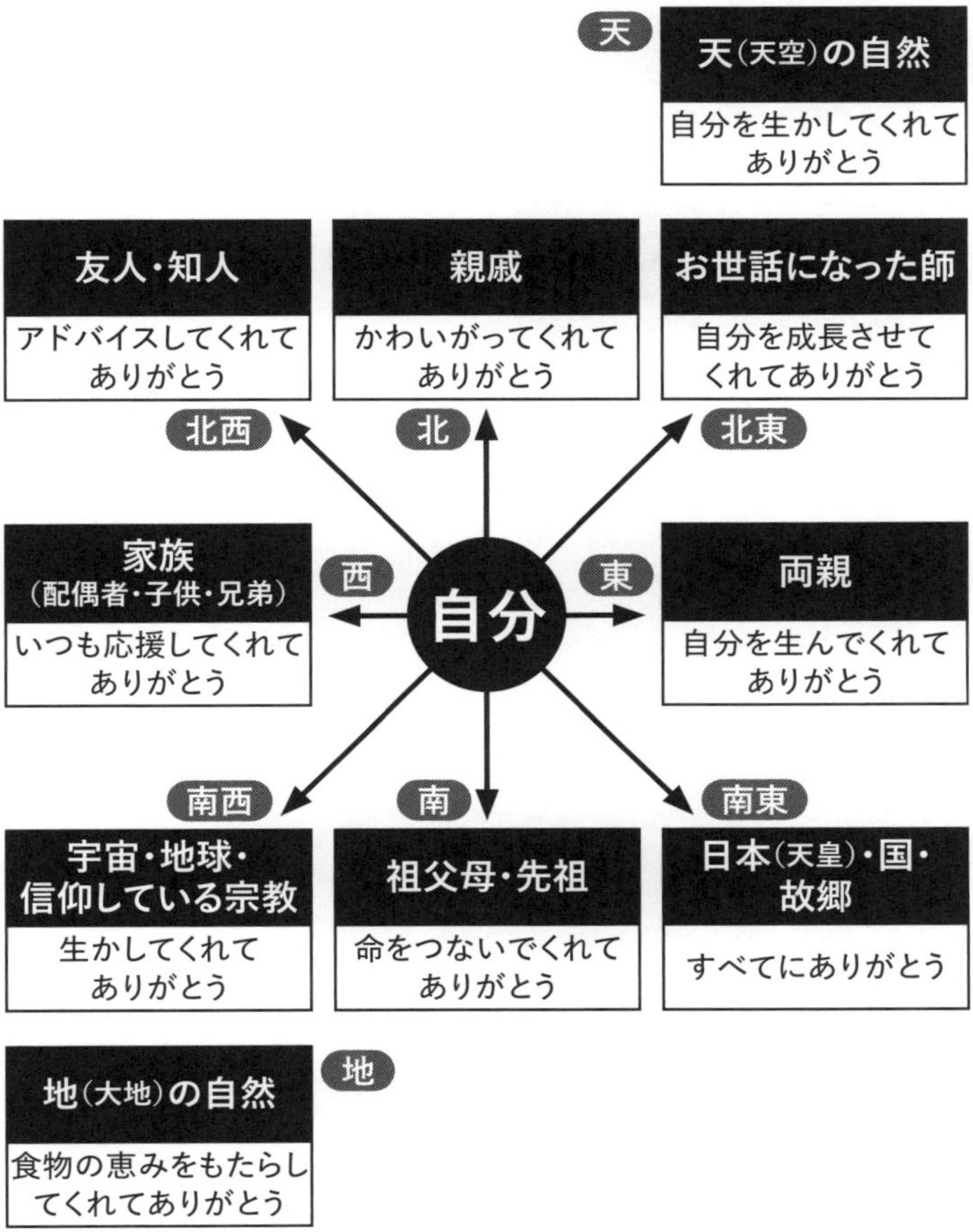
天
天（天空）の自然
自分を生かしてくれてありがとう
友人・知人
アドバイスしてくれてありがとう
親戚
かわいがってくれてありがとう
お世話になった師
自分を成長させてくれてありがとう
北西
北
北東
家族（配偶者・子供・兄弟）
いつも応援してくれてありがとう
西
自分
東
両親
自分を生んでくれてありがとう
南西
南
南東
宇宙・地球・信仰している宗教
生かしてくれてありがとう
祖父母・先祖
命をつないでくれてありがとう
日本（天皇）・国・故郷
すべてにありがとう
地（大地）の自然
地
食物の恵みをもたらしてくれてありがとう

「どんなことをするか」より「どんな気持ちでやるか」が大切

「十方思考」ができるようになると、あなたはまわりの人に感謝の心を持ち、〝他人の役に立つ〟とか、〝他人を幸せにする〟ことに対して〝いい予感〟が持てるようになります。

これが本人の成功の度合いを大きく高めていきます。

本章の最初に説明した「最強思考型」の成功者と「上昇思考型」の成功者を思い出してください。両者の違いは、まさにここにあります。

「最強思考」ができる人は、「あなたにとって仕事とは？」とか、「あなたにとっての人生とは？」という質問にも、「自分の仕事を喜んでくれる大勢の人のためにやっている」とか、「世の中の役に立つ人になりたい」という〝他者中心〟の答えが返ってきます。

その欲望はお金儲けへの欲望より何倍も大きく、〝ワクワク感〟の大きさもまったく違います。しかも成功の終着点には限界がありませんから、**脳からは「ますます大勢の人を喜ばせたい」「ますます多くの人の役に立ちたい」という強力な予感が次々と生まれてき**

ます。

「最強思考型」の人が〝幸せな成功者〟になるのは当然のことでしょう。

一方で、成功を「自分のため」としかとらえられない人は、人間関係や自分をとりまく状況のどこかに不満を持ち続けます。だから、客観的にはどんなにうまくいっているように見えても、決して幸福感や満足感で満たされることはありません。〝ツイていない成功者〟にしかなれないのです。

「最強思考」の見本ともいえるマザー・テレサは、「どんなことをするかより、どんな気持ちでやるかのほうが大切である」と言いました。

成功という現象だけを見れば、〝他者中心の人〟も〝自己中心の人〟も同じであるように見えます。しかし、実際に本人が感じている幸福感や満足感も、「次になにを予感できるか」ということも、まったく異なっているのです。

そして、長い人生を歩むにつれて、その違いは本人の運命を大きく左右していきます。これがまさに幸福と不幸、ツイている人とツイていない人を分けるのです。

自己中心的にしかものを考えられない人を、「十方思考」に対して「一方思考」といいます。

人は誰でも、自分を正当化するために敵をつくりたがります。自分がうまくいかない原因を「アイツが悪い」と言ってしまえば、そこでひとつの問題がクリアできたように見え、問題には対処しなくてすみます。しかし、問題に対処しなくなったら、その向こう側にあったはずの〝いい予感〟が失われてしまいます。

そうなる前に、先に「ありがとう」と言ってしまいましょう。口に出して言えなければ、心の中で「それでも感謝しています」と唱えてみましょう。

愚痴や不満を「ありがとう」に変えていくことによって、いちばん得をするのはあなた自身なのです。そのことをしっかり頭に入れておいてください。

第 6 章

ツキを「続ける」ための習慣術

人生のすべてが
〝いい予感〟に満たされる!

◎子どものころの幸福感を思い出す

ここまで、あなたの人生がうまくいくため、成功のため、人生において幸福をつかむための「予感力」を身につける方法について説明してきました。目標を達成するため、大きな夢をかなえるために、ぜひ「予感力」を高めていただきたいと思います。

成功や目標達成のほかにも、「予感力」を持つことによる素晴らしい効果があります。それは、**「予感力」を獲得したその瞬間から、あなたは幸福な人になれる**ということです。

なぜなら、「〝いい予感〟を持つ」ということは、イコール「幸せになった」ということだからです。

考えてみてください。まだ幼稚園や保育園に入る前の子どものころ、あなたは自分が「ツイていない」とか、「自分は不幸だ」などと感じたことがあったでしょうか。

それはありえないことです。あなたのクオリアは、他人と自分を比較することもなく、否定的な感情を刷り込まれることもなく、泣くことはあっても、すぐに立ち直り、ワクワクする未来だけを望んでいたことでしょう。

それはすなわち、「幸せだった」ということです。未来に希望しかない状態、まさに真の幸福状態だったのです。

「予感力」をつけるということは、子どものころのクオリアを脳に取り戻すことです。現在も幸福であり、将来はもっと幸福になる。そんな予感が手にできるなら、これ以上に素晴らしいことはないのではないでしょうか。

スポーツ選手の指導をしていると、そんな最高の予感を手にしている人たちに遭遇することがあります。それは、パラリンピックの選手たちです。

車椅子でバスケットボールをやっている選手たちを見ると、一般の人は「なんてかわいそうなんだ」と思うかもしれません。しかし、彼らはスポーツができる現在の境遇に感謝していて、毎日が幸福で、充実感を持っています。

肉体的なハンディを抱えている選手たちは、もちろん人生に絶望したこともあったかもしれません。しかし、多くの人から〝生かされている〟こと、どんな逆境でも希望を持ち続けることの大切さを知ることで「予感力」を身につけ、素晴らしい予感を現実のものにして競技を楽しむことができているのです。

一方で、五体満足どころか、最高の素質を持っているのに、「予感力」を発揮できないまま選手生活を終える人たちもいます。成果に縛られ、ストレスに満たされ、せっぱ詰まった状態で競技に臨み、成果が出せないのを苦にして引退していく。それでは「スポーツをやっていてよかった」という幸福感すら得られません。

人生全般についても同じことが言えます。目標を達成し、望んでいる成果を得るために「予感力」を身につけようとするのもいいでしょう。ただ、それより前に、**目の前にある今日や明日に〝いい予感〟を感じられるようになって初めて、あなたは「幸福な人生」を歩み出すことができるのです。**

どんな結果でも、いつもどおりの生活を続ける

私たちは日々、脳から予感を受けながら生活しています。「欲しいな」という消費行動も予感なら、「あの子、かわいいな」と思うのも予感です。

一方で、不安や心配事を抱えるのも予感です。私たちは〝悪い予感〟は引きずるのに、〝いい予感〟は排除していってしまいます。

脳には危険回避の機能もありますから、たまに〝悪い予感〟がするのは、それはそれでかまいません。**ただ問題に対処さえすれば、あとは〝いい予感〟だけを信じて幸せな人生に邁進する**ようにしないと、いたずらに不安ばかりを抱えていくことになります。〝悪い予感〟はすぐに排除して〝いい予感〟に置き換えていくことこそ、私たちの臨むべき態度でしょう。

重要なのは〝切り替え〟です。

スポーツ選手にも、ときどき「スランプ」が起こります。このとき、脳はイヤなことを何度も反復しますから、ＩＲＡは「不快」の方向にどんどん振れていきます。当然、〝い

い予感〟は起こりません。

それを防ぐために、彼らは**「インターバルトレーニング」**を行っています。

「インターバルトレーニング」とは、ふだんどおりの練習です。試合に負けても勝っても、結果が出たあと、すぐに次の試合に向けてウォームアップを始めます。練習に没頭することで、前の試合で生まれた感情をクリアリングしていくのです。

私が女子バレーボールVリーグの選手を指導したときも、帰りのバスに乗った瞬間から**「今日の試合は忘れろ。もういいだろう」**と言って〝切り替え〟を心がけるようにしてきました。〝悪い予感〟をいち早く処理することが、〝いい予感〟を持って毎日を過ごすために重要なのです。

仕事においても、この種の〝切り替え〟は重要です。

多くの人は、自分が一日にどれくらいマイナスの状態でいるかに気づいていません。その影響に対しても無頓着です。だから、上司に叱られたり、お客さんからクレームを言われたりすると、それ以降、予感はずっとマイナスに振れたままになります。

「不快」を「快」に戻さない限り、上司に対して汚名返上することも、本当にお客さんに喜ばれる仕事をすることも不可能です。「不快」な感情だけを引きずったまま仕事を続けるから、「しかたない」「どうせ自分には」という負のスパイラルが止まらなくなるのです。うつになる人の脳でも否定的なフラッシュバックが繰り返されています。彼らは感受性が強い人たちが多いため、なにも起こっていないのに、不快な出来事を脳で反復してしまいます。本当は「予感力」が高い人たちなのかもしれませんが、そのエネルギーをマイナス方向にばかり使っているから、どんどん八方ふさがりの状態になっていくのです。

〝切り替え〟のために重要なことは、不快な感情はIRAが引き起こしているものだということを認めることです。人は過去に起こった出来事を変えることはできませんが、脳で起こっている現象なら変えることができます。「ああ、このままじゃいけない」と思い起こし、とりあえずは「インターバルトレーニング」のように日々の仕事に没頭するといいでしょう。

もうひとつは、先に説明した「感謝」です。

北京オリンピックで、女子柔道の谷亮子《たにりょうこ》選手は思うような結果を出すことができませんでした。それでもインタビューで真っ先に言ったのは、「みなさんに感謝したい」という言葉でした。実際、私が指導してきた選手たちでも、大きな成果を出した人には「感謝のパワー」をエネルギーにしている人が大勢います。

「十方思考」を実践している人であれば、イヤなことがあっても、「みんなのためにも落ち込んでちゃいけないな」と〝切り替え〟が容易にできます。「一方思考」だと、チームメートや部下が失敗をしたときに、「アイツのせいで」とネガティブな気持ちを起こし、不快な感情が自分自身の予感を悪い方向にどんどん引きずっていくのです。

一日二回、たった五分の「予感タイム」をつくる

瞬間瞬間の〝切り替え〟は、感受性が強い人には難しいかもしれません。そういう人は、**毎日「不快」の予感を「快」の予感に切り替える時間をつくっていただきたい**のです。

五分程度の短い時間でかまいません。寝る前と朝起きたときに、ちょっとした自己暗示をかけ、予感を「快」の方向に引っ張ってみましょう。

自己暗示といっても、目をつぶって自分に言い聞かせるくらいのことでかまいません。寝る前には**「今日はいい一日だったな」**と自分に言い聞かせ、朝起きたら**「今日はきっと素晴らしいことが起こる。素晴らしい一日が楽しめる。素晴らしい予感が起こる。自分は最高の予感を起こす天才だ」**と繰り返し脳に刷り込んでみるのです。

これを習慣づけるだけで、あなたの毎日は変わってきます。夜のクリアリングと朝の入力作業は、脳にとって最も効果的な条件づけの作業になるのです。

たとえば、あなたが夫婦喧嘩《げんか》をして一日を終えてしまったとしましょう。

当然、あなたの予感は「不快」なものになっています。そのまま眠ると、あなたの脳は

眠っている間にその不快な情報を反芻《はんすう》し、「不快」な状態のクオリアができあがります。

翌朝、目が覚めると、「今日は会社に行きたくないなあ」と〝悪い予感〟が湧き出てきて、あなたはその状態のままで会社に行くことになります。予感は必ず現実になりますから、会社でもイヤなことが起こります。現実にはイヤなことだけが起こっているわけではありませんが、「不快」に振られたＩＲＡが、あなたにイヤな出来事しか認識させないのです。

こういうスパイラルが起こっている人が成功できるはずがありません。

その日一日がどんな日であったとしても、夜眠る前には、「今日はいい一日だったな」と、いいことばかりを反芻してみましょう。夫婦喧嘩をしたとしても、会社でイヤなことがあったとしても、悪いことしか思い出せない日だとしても、**「いい経験をさせてもらったなあ」**と考えるのです。

この〝予感タイム〟を実践すれば、眠っている間にあなたの脳は〝いい予感〟を前提としてＩＲＡやクオリアを組み立てていき、目覚めたときには「快」に振れた脳ができあがります。そこであらためて「今日はいいことがあるぞ」と「快」の予感を入力すれば、あなたは〝いい予感〟を持って一日を過ごせます。〝いい予感〟に基づいたひらめきが起こるかもしれませんし、ツキに恵まれたことがたくさん起こるかもしれません。

それらの〝**いいこと**〟**を一つひとつキャッチしていけば、あなたは**〝**もっといいこと**〟**が起こる明日を組み立てていくことができます。**それも「予感力」がもたらす効果のひとつなのです。

これを繰り返していけば、十年後、二十年後にどうなるか。あなたの人生は間違いなく大きく飛躍し、向上しているでしょう。

●「小さな成功体験」を見逃さない

〝いい予感〟は、誰の脳からも一日に何度も湧き上がっています。ただ、そういった〝いい予感〟が愚痴や不満などの〝悪い予感〟に埋没しているだけです。

愚痴や不満の捨て方は、ここまで読んでいただいたあなたなら、もうおわかりのはずです。**〝いい予感〟だけをしっかり受け止め、そのとおりに行動することで、「予感は実現する」という確信をどんどん強めていってください。**

ある女子大生が、町を歩いているときにたまたまネット関連の新しいビジネスを思いつきました。ビジネス経験はまったくありませんでしたが、そのアイデアを封印せずに具体的な形に固め、就職活動の面接のときに、「じつは、こんなことを考えているんです」と話しました。

なかには「そんな学生の戯言《たわごと》など……」と一笑に付した企業もあったでしょう。しかし、「予感力」がある会社の経営者は、「それはおもしろいね」と言ってこの女子大生を採用し、そのアイデアに投資することに決めたのです。その結果、若くしてこの女性は成功者になりました。

このように、〃いい予感〃に従えば、成功体験がいくらでも起こるのです。

たとえば、ショーウィンドーに飾ってある服を見て、「あれは絶対に私に似合うと思う」と予感し、実際に買ってみて「うん、これだ!」と満足できれば、これは間違いなく〃成功体験〃です。あるいは、「今日は天気がいいから、こっちの道を歩いてみようかな」と予感し、そのとおりの道を歩いてみて、道端にタンポポでも見つけたら、それも〃成功体験〃です。

起こっていることは些細なことです。しかし、多くの人は大きな成果ばかりを期待しすぎて、小さなことをなかなか喜べません。本当は〃いいこと〃がたくさん起こっているはずなのに、毎日のように「今日もつまらない一日だった」と言ってベッドに入るのです。

大きな成功は、必ず小さな成功体験の積み重ねの延長線上にあります。そして、〃ちょっとした成功〃を喜ぶことができれば、大きな成功をつかむための「予感力」は高まっていきます。

その証拠に、ひとつの成果を出しただけで、みんなが「おめでとう!」と声をかける習慣ができている職場は、たいてい業績が上がります。一方で、隣の社員がなにをやっているかも知らないような会社だと成長はほとんど期待できません。これは、お互いの成功体験が認知できないぶん、「なにかをやってやろう」というモチベーションが高まらないからです。

すべてのことにワクワクしてみる

〝小さないいこと〟がどれくらい起こるか。〝小さな成功体験〟をどれくらい積めるか。

これらは、あなたの考え方ひとつで変わることです。

たとえば、朝、会社に出かけるときに、隣の家の人に「今日はいい天気ですね」と声をかけられたら、それは〝いいこと〟です。電車の中で座ることができれば、それも〝いいこと〟です。

本書を読んでいただいて、ひとつでも新発見があればそれは〝いいこと〟ですし、発見がなくても、「一冊の本を読み終えることができた」と思えば、間違いなくそれは〝いいこと〟です。

ものの見方さえ変えれば、あなたの日常は、それこそ〝いいこと〟ずくめになります。

私は以前、門下生から「天国ってあるんですか？」という変わった質問を受けたことがありました。その答えはただひとつ、

「あると思っていたほうが楽しいし、そこには神さまがいると思っていたほうがいいん

じゃないの？」

というものです。死後のことなど誰にもわかりません。それでも、「天国がある」と思えば、少なくとも死後の世界も明るくなるし、「神さまがいる」と思えば、「困ったときも神さまが助けてくれる」と思えます。

物事には二つの見方があります。ひとつは〝どうでもいいこと〟〝つまらないこと〟、もうひとつは〝いいこと〟〝ワクワクすること〟です。二つしかないのなら、すべてを〝いいこと〟と受け止め、ワクワクする思考を選んだほうが圧倒的に得なはずです。

そうやって物事をワクワクする方向にとらえていけばいくほど、毎日はワクワクしてきますし、明日起こることも、一年後に起こることも、何十年後に起こることも〝ワクワクするもの〟に変わっていきます。**「予感力」とは、そんなワクワクする毎日がつくりあげてくれるものなのです。**

もし、それでも日常生活でワクワク感が得られないなら、どこにでも好きなところに行って、〝ワクワクするもの〟を見つけましょう。

ある金メダリストは、スランプに陥ったときには一人で海に行って自然に触れていたといいます。ふだんの環境の中で〝ワクワクするもの〟が見つけられなければ、〝ワクワクするような場所〟に積極的に足を向けてみるのもひとつの方法です。

どんな方法にせよ、**自分の意思で〝いいこと〟を発見してくることが最も重要です。**それはどんな小さなことでもかまいません。「海や山がきれいだった」という単純なことでもいいですし、それこそ「好きな場所へ行けた」だけでもいいのです。

私たちの脳にある振り子は「快」と「不快」の間を行ったり来たりしています。

それを決めるのは、あなたのとらえ方しだいです。「快」に受け止めるだけで、すべてが「快」の方向に変わっていくのです。

●「社会的成功」を意識しすぎない

もともと私たちは、子どものころ、どんな小さなことにもワクワクし、あらゆることを「快」に受け止めていたはずです。

電車の中で窓の外にあるものを指差しては、「あれはなに？　あっちはなに？」とお母さんに質問して世話を焼かせている幼児を見ればわかるように、この世の中はワクワクするものでいっぱいで、毎日がいいことが起こりそうな予感に満たされていました。

ところが、大人になるにつれて「予感力」はどんどん失われていきます。電車の外の風景を見てワクワクする予感を見つけられる大人が、果たしてどれくらいいるでしょうか。

「予感力」が低下するのは、**理論的なことを考える大脳新皮質に〝否定的なデータ〟がどんどん組み込まれていくからです。**子どもが学校に通い始めるころから大脳新皮質への入力は始まりますが、大人になるために必要なことを学べば学ぶほど、人は「予感力」を失っていきます。

「予感力」が低下している社会システムの中で、現代人は上昇志向を燃えたぎらせた〝勝ち組〟と、あきらめてしまった〝負け組〟に二分されています。

成功する人を見ていると、二十代のころにガムシャラにやったという人が多いものです。ここで身につけた自信が「自分にはできるかもしれない」という予感を生み、三十代、四十代である程度の富を築くことができます。逆に言うと、ここで予感をつくれなかった人は、その先も「しょせん自分は……」とあきらめの人生を送ることになります。

どんなに社会的地位をつかんでいても、五十代になると、「予感力」を持っていないと幸福感が満たされない時期がやってきます。

「多くの人にお世話になってきた」「これからは自分が多くの人のお世話をしてあげよう」という心の豊かさが新しい予感を生むはずなのに、成功した人はガムシャラに前だけを見て突き進んできたぶん、そうしたクオリアが脳にほとんどできあがっていません。だから、年をとっても満たされず、〝幸福でない成功者〟の道を歩んで行くのでしょう。

一方で、普通の人は、六十代で定年になった先には、もはや〝いい予感〟を生み出すようなものがありません。男性だと奥さんのあとをくっついて歩くだけになってしまいます。そんな老後を送る人は気の毒でしかたがありません。

それに比べれば、地方で農業をしていて、定年とは無関係の人たちのほうが、まだ〝いい予感〟を持って幸せな人生を送ることができるかもしれません。

結局は、**人の幸福は「なにをやったか」ではなく、マザー・テレサの言う「どう思ってやっているか」が重要なのです。**

「他人のせい」を「自分のせい」に変える

先に説明しましたが、会社ではたらくビジネスパーソンには三種類の人しかいません。

①言われたこともやらない人
②言われたことしかやらない人
③言われたこと以上のことをやる人

「予感力」がある人は、もちろん③のタイプです。すなわち、〝**自分の予感に従って行動ができる人**〟です。

簡単な例で考えてみればよくわかります。たとえば、オフィスにゴミが落ちていたとしましょう。「言われたこと以上のことをやる人」は、上司が黙っていても自分の判断でそれを拾います。これは「仕事を快適にするには、オフィスがきれいなほうがいいから」というクオリアが脳にあるからで、やったあとは〝望みどおりのことをした〟という小さな満足感が生まれます。

どんなに小さな行為でも、その行動によってＩＲＡを「快」の方向に振ることができるのです。

ところが、同じ行為でも、「言われたことしかやらない人」は、〝命令だからしかたない。ゴミを拾うか〟とその行動が「不快」をもたらすほうにはたらいてしまいます。ましてや「言われたこともやらない人」であれば、脳にあるのはゴミを拾うように言われたことへの不満や愚痴ばかりでしょう。

このように、〝自責〟にするか〝他責〟にするかで、本人の「予感力」のありようは大きく変化してくるのです。〝他責にする人〟は言い訳ばかりして自分の「予感力」を低下させていくのに対して、**〝自責にする人〟は成功体験を積み重ね、どんどん〝いい予感〟を獲得していきます。**

経営者向けの研修では、自責タイプの部下を〝投資家社員〟として大切にするように、他責タイプの部下を〝浪費家社員〟として、そこから新しいことはなにも生まれてこないので注意するように教えています。

あなたがどんな形の幸福を望むにしろ、決して後者のタイプになってはいけません。

「いつかその会社から飛び立とう」とか、「もっと新しい仕事ができるようになりたい」と思っていたとしても、必要なことは、**目の前の問題に対して結果を出し、それを〝自責〟ととらえ、自分自身の「予感力」を高めていくことなのです。**

スポーツ選手でも、やはり野茂英雄《のもひでお》やイチローといった、メジャーリーグで成功した一流選手たちは、監督やコーチの言いなりになるのでなく、自分の判断で結果を出そうとしてきました。だから、野茂もイチローも、コーチに否定されてもピッチングフォームやバッティングフォームを変えなかったのです。そして、日本のチームで成果を出してからメジャーリーグに羽ばたいていています。

一流の人は、やはり自分がやるべきことがよくわかっているのです。

まわりの人に「感謝」「愛情」を持つ

自己に対しては責任を持つ。その一方で、他者に対しては先に説明した「感謝」や「愛情」を持つことが大事です。

人生は予感によってつくられていますが、その土台には愛情があります。

たとえば、一九二〇年にインドでオオカミの住む穴から二人の少女が発見されました。カマラ、アマラと名づけられた二人の姉妹は、なんとオオカミに育てられていたのです。しかし、人間に育てられるようになってから一年で妹のアマラは死亡。姉のカマラも社会復帰することなく、九年で短い生涯を閉じてしまいます。おそらくは生きていくのに必要な予感を脳に形成できなかったのが原因でしょう。

赤ちゃんのときには、思考能力がなくても、大脳辺縁系に両親の愛情がどんどんインプットされていきます。これが将来の「予感力」の土台になっていきます。

オオカミに育てられた少女たちの脳には、この種の情報が入力されていません。だから、人間社会の中で生きることを、脳が最初から拒否してしまったのだと思います。

「子どもを抱いてばかりいると抱きぐせがつくからよくない」と言いますが、私の理論はまったく逆で、「年がら年中、子どもを抱いてあげよう」というものです。

いまどきの子どもを見ていて、「予感力」が高くて有望だなあと思えるのは、両親や祖父母、あるいは叔父、叔母や近所の人たちから圧倒的な愛情をかけられた子どもです。

一方で、親を尊敬できない、祖父母に対して平気で「汚い」と言う子どもがいます。子どもが子どもなら親も親であるケースが多いのですが、そういう子どもは未来に対する〝いい予感〟に欠けているのです。その差は、大人になったときに、まわりの人に対する態度としてはっきり表れます。

大人になってしまったあなたには、子どものころに立ち返ってやり直すことは、もちろんできません。

けれども、**まわりの人を見回し、自分がそれらの人々にどれほどの愛情を注いでいるかを考えてみること**はできます。

たとえば、夫婦関係はどうか。いまは夫婦ともに自立したライフスタイルが望まれていますが、では、その〝自立〟について、夫は妻を、妻は夫を、どれくらい理解し、どれくらい尊重し合っているでしょうか。「お互い勝手にやっている」という無関心な夫婦がいちばん離婚しやすく、子どもも問題児になりやすいものです。

職場ではどうか。**上司や部下に不満を抱えるのは結構ですが、果たして自分はどれくらい会社の人たちを幸せにしようと努力しているでしょうか。**

不満を持つ人のほとんどが、「自分のことを認めてくれない」「望んでいることをやってくれない」など、〝～してくれない〟という「他責」の感情にとらわれています。そういう人に対しては、相手も同じように思っているでしょう。

たくさんの人に〝いい予感〟を提供する

プロスポーツで成果を出せなかった選手に、ときどき「頭を丸めておわびしたい」と言って丸坊主になる人がいます。その心がけは立派ですが、私はそんなときこそ、監督がみずから丸刈りにすればいいのになあと思います。そして、こう言えばいいでしょう。

「みんな、負けちゃって悪かった！」

ここで湧き起こるのは〝笑い〟です。**笑いひとつで、選手たちにも応援する人たちにも「快」の感情が引き起こされます。**そうすれば、マイナス方向に振れた予感も一気にプラス方向へ振り戻されるでしょう。

経営者でも、**素晴らしい成功を成しとげた人は、苦しいときでも明るい顔をしています。**商品が売れなくて沈滞ムードになっているときでも、「大丈夫！　オレに任せておけ！」と言い続けています。

この背景にあるのも愛情です。**「絶対に自分にかかわっている者を不幸にできない」という強い「予感力」に裏づけられた愛情**なのです。

その予感はまわりの人々にも伝染していきます。だから、みんなが「よし、リーダーがああ言っているんだからなんとかなるさ」と確信し、起死回生につながっていくのです。

〝いい予感〟は、あなたが愛情を向けている人たちに確実に伝染していきます。

あなたが家族を愛し、〝いい予感〟を持ち、それに基づいた言葉を語っていれば、必ず家族全員が〝いい予感〟を持って幸せになっていきます。

あなたが会社の人たちを愛し、〝いい予感〟を持ちながら、それに基づいた行動をとっていけば、必ずまわりの人たちがあなたにチャンスを与えてくれます。

そうやって〝いい予感〟のスパイラルを広げられる人こそが成功者となり、幸福に満たされた人生を送ることができるのでしょう。

夢を語る、楽しいことを言う、まわりの人を笑わせる、感謝する、他人の役に立つ、心から大切にするなど、方法はなんでもかまいません。とにかく、あなたが真っ先に肯定的な感情を脳につくりあげ、それをまわりの人にどんどん提供してあげればいいのです。

あなたをとりまく環境が〝いい予感〟に満たされているなら、あなたの「予感力」も相乗効果で高まっていくことでしょう。

一方で、〝いい予感〟を邪魔するものはことごとく排除していきます。**愚痴を言わない、**

不満を言わない、ため息をつかない、「しかたない」とあきらめるようなことを言わないようにしましょう。それらを口にすると、ネガティブな予感が伝染していくからです。

たとえそういう状態だったにせよ、あなたが屈したら、そこで「予感力」は停滞してしまいます。あなたがみずから予感を照らす灯台になって、まわりの人を照らしていきましょう。それができる人こそが成功者となれるのです。

「予感力」は誰もが必ず持っている力です。ただ、多くの人がその力を信じることができていないだけです。

そして、「予感力」を信じた人は、その時点から幸福な人となり、確実に実現する素晴らしい未来へ向けて一歩一歩進んで行くことができます。あなたがやるべきことは、ただ動き出すことだけです。

過去は変えられませんが、未来は変えられるのです。それが、あなたの「予感力」なのです。いまのあなたの予感が未来のあなたをつくるのです。

私は読者のみなさんが素晴らしい人生を歩んで行ってくださることを、疑うことなく予感しています。

（了）

解説

〝いい予感〟ができない時代に、まず読んでおきたい必読の書！

本のソムリエ「読書のすすめ」店長　清水克衛《しみずかつよし》

今回、復刊の運びとなった『予感力』は、二〇〇九年にイースト・プレスから出版された、西田先生の隠れた名著といえる一冊です。

私は一九九五年から、東京都江戸川区《えどがわ》で「読書のすすめ」という書店を経営しているのですが、『予感力』のことは、「飛ぶように売れた本」として、いまでも印象に残っています。「読書のすすめ」だけで、四百～五百冊は売れたのではないでしょうか。

初めてこの本を読んだとき、こんなことを思ったのを覚えています。

「これまでの人生を振り返ってみると、自分もずっと〝いい予感〟に従って生きてきた。だから、ここまでやってこられたんだな」

「読書のすすめ」を始めようとしていたころ、「こんな立地で書店をやるなんて無理だ」とか、「書店をやるお金があるなら、ほかのことをしたほうがいい」といった言葉を、たくさんの人から投げかけられました。

しかし、そのときの私には、〝いい予感〟しかありませんでした。たいした根拠なんてないのですが、なぜか「自分ならできるだろう」と確信していたのです。

結果として、「読書のすすめ」は繁盛店となり、私は「本のソムリエ」としてテレビに出演したり、著書を何冊も出したりできたのですから、私の〝いい予感〟は当たっていたということになります。当時、私はよくこんなことを言っていました。

「こんなに品ぞろえのいい書店は、どこを探したってない。だから、いつかどこかの大金持ちが店に来て、この本、おもしろいから千冊ちょうだい、と言われると思うんだ」

まわりの人からは「そんなことがあるわけない」と、なかば呆《あき》れられていました。ところが、ある日、斎藤一人《さいとうひとり》さん（「銀座まるかん」の創業者で、高額納税者番付の常連だった方）がお店に現れて、ある本を千冊、まとめて買って帰られたのです。私の予感は、またしても実現してしまいました。

ちなみに、その「ある本」とは、西田先生のデビュー作である『Ｎｏ．１理論』（現代書林、のちに三笠書房《みかさしょぼう》で文庫化）です。ウソみたいな話ですが、すべて事実です。本書で西田先生がおっしゃっているように、「予感は必ず実現する」のです。

そんな予感力が、いま、世の中から失われつつあるように感じます。「読書のすすめ」にいらっしゃるお客さんと接していても、多くの人が不安にさいなまれていて、不満や愚痴を口にする方が増えている気がします。

たしかに、いまは、〝いい予感〟を持ちにくい時代です。給与は上がらないし、モノの値段はどんどん高くなる。結婚しようにも相手がいないし、このままでは孤独死するかもしれない……。でも、考え方ひとつで、人生はガラッと変わると思うのです。

みなさんは、有名な「三人のレンガ職人」の話をご存じでしょうか。昔むかし、ある旅人が街を歩いていたところ、レンガを積んでいる三人の職人に出会いました。旅人は、「ここでいったい何をしているのですか？」と尋ねました。

一人目の職人は、「親方に言われたから、やっているんだよ」と答えました。二人目の職人は、「家族を養うために、レンガを積んで壁をつくっている」と答えました。そして、三人目の職人はこう答えました。

「歴史に残る大聖堂をつくっているのさ。完成したら、多くの人がここで祝福を受け、悲しみから解放されるんだ。素晴らしいと思わないかい？」

三人の中で「予感力」があるのは、言うまでもなく三人目の職人です。どんな境遇にあっても、考え方を少し変えて、〝いい予感〟に従うことで、成功や幸せを得ることはできるのではないでしょうか。

この本を読んで、西田先生のことをもっと知りたいと思われた方は、二〇二三年に復刊された『他喜力《たきりょく》』（清談社《せいだんしゃ》Publico）をぜひ手にとってみてください。

『他喜力』が注目されたのは、二〇二三年夏の甲子園で百七年ぶりの優勝を果たした慶應《けいおう》義塾《ぎじゅく》高校のチームスローガンが「他喜昇《たきのぼ》り」だったからです。西田先生が長年、提唱してこられた理論が、世代を超えて息づいていることを、うれしく思いました。

野球といえば、いまをときめくロサンゼルス・ドジャースの大谷翔平《おおたにしょうへい》選手もまた、西田先生の影響を受けているようです。

くわしくは、西田先生のご子息である西田一見《はつみ》さんの著書『大谷翔平の成信力』（清談社Publico）を読んでいただきたいのですが、西田先生のメンタルトレーニング理論が、大谷選手の現在の活躍に少なからず影響を与えているのはたしかなようです。

じつは、私も、大谷選手の花巻東《はなまきひがし》高校の先輩である菊池雄星《きくちゆうせい》選手から依頼を受けて、高校時代の大谷選手の前で講演をしたことがあります。当時から大谷選手は背が高くて、ほかの選手より明らかに目立っていました。そんな大谷選手を見て、私は心の中で、こうつぶやきました。

「この子は将来、大物になりそうだぞ」

どうやら、私の予感は、またしても当たったようです。

この本を最後まで読まれたあなたは、「なにかすごいことが起こるはず」という予感にあふれているのではないでしょうか。ぜひ、その〝いい予感〟を大切にしてください。

この解説を書店で立ち読みしている方もいるかもしれません。そんなあなたは、「この本を買ったら、すごいことが起こりそう」という予感を持ってください。そして、この本を持ってレジに行ってください。

それが、あなたの人生を変える第一歩になるでしょう。

なお、今回の復刊も、イースト・プレスの担当編集者だった、清談社Publicoの畑祐介社長によって実現しました。玉石混淆《ぎょくせきこんこう》の出版業界にあって、本当によい本を広め、次世代に残そうとしている畑社長の取り組みに、今後も期待しています。

本書は、２００９年１月にイースト・プレスより刊行された同名の本の改訂版です。

予感力《よかんりょく》 改訂版《かいていばん》
人生《じんせい》を決《き》める！ なぜか「ツキ続《つづ》ける人《ひと》」の習慣術《しゅうかんじゅつ》

2024年12月13日　第1刷発行

著　者　西田文郎《にしだふみお》

ブックデザイン　福田和雄(FUKUDA DESIGN)
本文DTP・図表デザイン　サカヨリトモヒコ
解説構成　石井晶穂

発行人　畑 祐介
発行所　株式会社 清談社Publico
〒102-0073
東京都千代田区九段北1-2-2 グランドメゾン九段803
TEL:03-6265-6185　FAX:03-6265-6186

印刷所　中央精版印刷株式会社

ISBN 978-4-909979-72-8 C0030

清談社
Publico

https://seidansha.com/publico
X @seidansha_p
Facebook https://www.facebook.com/seidansha.publico

清談社
Publico

西田文郎の好評既刊

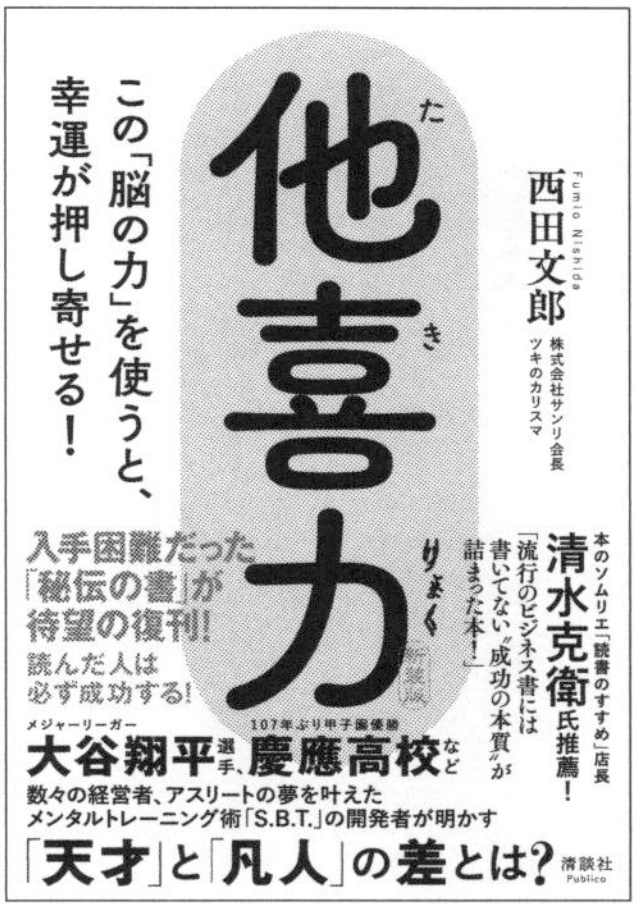

他《た》喜《き》力《りょく》 新装版

この「脳の力」を使うと、幸運が押し寄せる！

メジャーリーガー・大谷翔平選手、107年ぶり甲子園優勝・慶應高校など経営者、アスリートの夢を叶えたメンタルトレーニング術「SBT」の開発者が明かす「天才」と「凡人」の差とは。入手困難だった「秘伝の書」が待望の復刊！

ISBN:978-4-909979-54-4　定価：本体 1,500 円＋税

清談社
Publico

西田一見《はつみ》の好評既刊

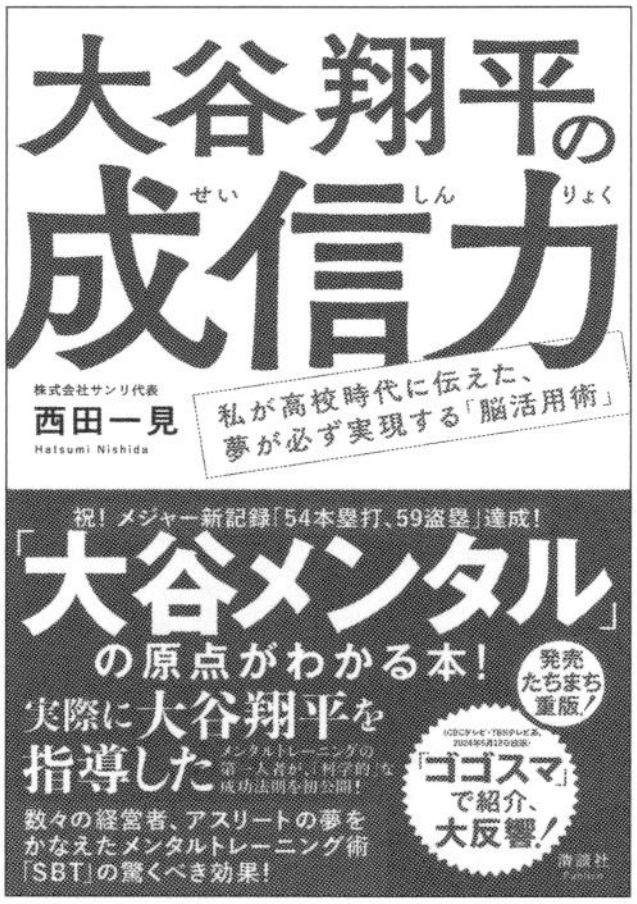

大谷翔平の成信力《せいしんりょく》

私が高校時代に伝えた、夢が必ず実現する「脳活用術」

数々の経営者、アスリートの夢をかなえたメンタルトレーニング術「SBT」の驚くべき効果。実際に大谷翔平を指導し、「世界一」へと導いたメンタルコーチングの第一人者が、「科学的」な成功法則を初公開。

ISBN:978-4-909979-58-2　定価：本体 1,600 円+税